어린이교육의 기본 바로 알기 시리즈 ⑪

놀이, 배움, 가르침의 통합을 위한 유아교육 바로 알기

이화여자대학교 사범대학 부속이화유치원 편

대한어린이교육협회

창지사

머리말

한국사회의 잘못된 교육열이 만들어낸 사교육 열풍과 기관 내 비구조적 놀이의 부족에 대한 반성은 자유놀이를 강조하는 국가 수준의 교육과정에 변화를 가져왔습니다. 이러한 변화는 교육으로 발돋움한 한국 유아교육의 역사를 영유아의 놀이 권리를 짓밟고 있는 것으로 간주하면서 놀이만이 유아교육의 핵심이라고 여겨 비구조적인 자유놀이를 강조하는 국가 수준의 교육과정 시행으로 유아교육기관 현장에서는 다소 혼란을 겪고 있습니다.

유아들의 놀이성을 존중하여 교사의 개입을 최소화하는 것만이 최상의 교육인지, 전적으로 비구조적인 자유놀이만이 교육현장에서 이루어진다면 진정한 교육현장이 맞는지, 주제와 관련된 풍부한 놀잇감이 제공되어 있는 학급에서 유아들이 교사와 함께 자유롭게 놀이하고 배우며 질 높은 교육과정을 융통성 있게 운영하는 기관 현장에서는 특히 무엇이 그렇게 문제였는지, 비계설정을 통해 교사가 유아의 놀이를 촉진해 주거나 상황에 따라서 적극적인 개입을 통해 유아의 학습과 발달에 기여하고자 한다면 유아들은 절대로 놀이하고 있지 않은 것인지 혼란스럽기만 합니다. 의도성이 짙은 교육을 완화시키려는 변화의 움직임은 이해하지만 놀이와 의도적 교수는 절대로 다른 것인지, 놀이사례들은 많이 나와 있지만 과연 교육과정 내용과의 연계는 어떻게 이루어 낼 수 있는 것인지, 마음대로 놀도록 두었을 때 초 · 중 · 고등학교 교육과의 연계성을 어떻게 지원할 수 있을 것인지 유아교육이 상급학교 교육과정과는 별개로 멀어지는 것만 같아 안타까울 뿐입니다.

교육을 배움과 가르침을 통한 인간 형성의 과정이라고 본다면 교육과정에서 배움과 가르침의 문제는 매우 중요한 교육적 논제입니다. 2019 개정 누리과정은 유아의 놀이가 중심이 되는 교육과정으로, 유아가 주도하는 놀이를 강조하고 있습니다. 이에 영유아를 돌보는 것으로 끝나는 것이 아닌 유아교육에서 놀이, 배움, 가르침은 매우 중요한 핵심적인 단어들입니다. 본 연수에서는 놀이, 배움, 가르침의 통합을 추구하는 유아교육은 어떠해야 하는지를 알아보기 위해 놀이와 교육의 관계에 대한 기본적인 이론을 살펴보고, 전반적인 교육과정 계획 · 실행 · 평가의 운영에 대해 되짚어 보고자 합니다. 더불어, 공간 구성과 매체 활용, 자유놀이와 대소집단 활동의 조화, 유아 평가 부분으로 나누어 현장의 실제를 살펴봄으로써 놀이, 배움, 가르침의 통합을 향해 나아가는 유아교육에 대한 현장 교사들의 이해를 돕고자 합니다.

2021년 8월

저자 일동

차례

놀이, 배움, 가르침의 통합을 위한 유아교육 바로 알기

Ⅰ. 놀이와 교육의 조화: 유아교육자의 도전

영유아를 양육하는 것을 넘어 교육으로 발돋움한 유아교육에서 놀이는 지속적으로 중요시되어 왔다. 놀이를 배움과 발달에 필수적인 요소로 보고, 놀이에 대한 친밀감을 유아의 본성으로 여기면서 교육적 놀이(educational play)의 심리학적 기초를 형성해 왔다. 특히 20세기 초 진보주의의 영향으로 Dewey, Piaget 등의 학자들에 의해 아동의 직접 경험과 자율성이 강조되면서, 교육을 유아가 주체적으로 참여하는 복잡한 과정으로 보게 되었다. 이에 놀이가 유아의 배움에 필수적이며 발달에 중요하고 기본적인 권리라는 보편적 담론이 형성되었고, 이러한 담론 속에서 아동중심교육, 선택과 자유, 직접 해보는 활동, 탐구, 발견 등이 핵심으로 여겨지면서 놀이는 더더욱 각광을 받게 되었다.

놀이가 중요하게 여겨지기는 했지만 교육과정 틀 내에서 보았을 때 교육적 놀이는 적어도 교육에서 추구하는 학습 목표를 이끌어야 하기에 영유아 자신의 목적과 의미를 반영하는 놀이의 복잡성을 이해하는 것과는 멀어질 위험이 있었다. 놀이학자들은 후기 구조주의와 포스트모더니즘적 시각에서 Froebel보다는 Foucault, Dewey보다는 Deleuze에 좀 더 초점을 맞추며 유아의 입장에서 놀이를 재해석하는 시도를 하게 되었다. 놀이는 규칙, 의식, 문화적 실제를 가지는 인간 활동의 독특한 한 형태이기에 항상 교육적 관점에서 구조화될 수는 없다는 것이다(Wood, 2013). 우리나라에서도 유아의 학습과 발달에 영향을 미치는 놀이의 역할과 가치에 관한 논쟁이 가속화되면서 현장에서의 비구조적 놀이 부재를 걱정하며 교육

과정에서 놀이가 재조명되기에 이르렀다.

이에 그동안 당연시 여겨왔던 놀이 그 자체에 대한 의미를 다시 한번 검토하고 성찰해 봄으로써 보다 심도있는 놀이 이해를 통해 놀이와 배우고 가르치는 유아교육과의 관계를 총체적으로 파악해 보고자 한다. 이를 통해 궁극적으로는 놀이, 배움, 가르침의 통합을 위한 도전이 교육과정의 실천적 변화로 이어질 수 있도록 발판을 마련하고자 한다.

1. 영유아 놀이에 대한 이해

○ 놀이란 무엇인가? 대개 여가활동이나 재미, 휴식을 위한 사소한 활동이라고 생각하지만, 놀이는 복잡하고 다양하며 놀이가 발생하는 맥락에 의존함.

○ 놀이(playing)와 성장(growing)은 삶 그 자체와 동의어이며, 놀이스러움(playfulness)은 창의성, 행위(action), 변화와 변형 가능성을 의미함. 따라서 놀이 활동(play activity)은 자아의 실존을 반영함(Chazan, 2002).

→ 놀이자들에게 다양한 의미를 가진 넓은 범위의 행동, 행위, 상호작용을 포함하기에 놀이는 복잡하고 다양함.

○ 놀이는 양극단적으로 매우 진지하고 목적 있는 것 또는 시시하고 목적 없는 것으로, 높은 수준의 동기 및 창의성과 배움 또는 목적 없는 엉망진창 상황으로 여겨질 수 있음.

- Hutt 외(1989): 놀이는 활동의 다양성을 포함하는 복합적인 요소로 어떤 놀이는 배움에 좋으나, 그렇지 않은 것도 있음.
- Garvey(1991): 놀이는 유아들이 무엇과 어디서, 어떤 상상을 펼치며 노는지에 따라 수 만가지 방법으로 나타나는 태도나 성향이기 때문에 놀이가

무엇인지 한정적으로 정의하기는 어려움.

→ 놀이에 대한 정의는 매우 애매모호함.

○ 다양한 측면에서 놀이를 정의한 관점들을 살펴보면 다음과 같음.

- 놀이의 성향/특징을 규정함으로써 놀이를 정의한 관점
  - 자발성, 내적 동기, 긍정적 정서, 비실제성, 과정 중심, 규칙으로부터의 자유, 적극적 참여...
- 행동의 연속적 개념으로 놀이를 정의한 관점(Broadhead, 2010)
  - 행동들은 놀이(play)와 비놀이(non-play)로 이분화되기보다 순수한 놀이(pure play)와 덜 순수한 놀이(less purely play)로 연속선상에서 규정되어짐 → 놀이를 이해하기 위해서는 다양한 맥락을 고려할 필요가 있음.

놀이의 연속적 개념이 유아교육자들에게 의미있는 이유(Wood, 2013)
- 유아들이 스스로 선택한 모든 활동이 놀이로 분류되지는 않음
- 유아들은 놀이의 흐름과 방향을 유지하기 위해 놀이의 안과 밖을 넘나듦
- 교사는 교수학습에 놀이스러움을 도입하는 것이 가능함
- 놀이는 넓은 범위의 활동과 행동을 포함하는 다양한 형태가 있음

- 성인의 관점이 아닌 영유아의 관점에서의 놀이 정의
  - 자신의 선택, 성인의 기대가 아닌 자유, 교육목적보다 자신의 활동...
- 심리학뿐만 아니라 철학적, 사회학적, 인류학적 관점에서의 놀이 정의
  - play is a mode of existence, a state of mind and a state of being (Henricks, 2006; Sutton-Smith, 1997)
  - 유아와 성인 모두 놀이를 할 때 항상 being과 becoming 상태(Holzman, 2009)이기에, 내적인 힘을 갖고, 새로운 의미와 가능성을 창조함. 이에 Henricks(2006)은 놀이를 '가능성의 실험실'이라고 비유함.
  - 반면, 놀이 속의 자유가 원하는 모든 것을 할 수 있다는 것을 의미하는 것은 아님. 유아가 놀이를 해나가면서 힘, 권위, 억압, 통제, 책임, 이타

주의와 같은 복잡한 사회적 이슈들을 이해하게 됨. 즉 놀이가 윤리적인 공간을 만들어 낸다고 볼 수 있음(Edmiston, 2008).

○ 놀이는 가능성이 무궁무진한 반면, Problematic 하기도 함(Wood, 2013).

- 교육적이고 정책 중심의 목적이 있는 놀이의 관점(구조화된 놀이, structured play)과 이념 중심의 자유가 강조된 놀이의 관점(자유놀이, free play)에서 서로 상충된 요구를 교사들에게 하고 있음.
  - 교육적 놀이(educational play): 놀이를 목적적이고 교육적인 것으로 봐야 하고, 놀이의 질은 교육적 효과성과 관련하여 평가되어야 한다는 입장
  - 오락적 놀이(recreational play, real play): 놀이는 유아의 사적이고 비밀스런 영역이며 유아 중심적이기에 성인이 접근할 수 없는 신비감이 있음. 즉 놀이 그 자체 안에 목적과 가치가 있다는 입장
- 현대의 변화된 놀이유형으로 인한 media panics과 toxic childhood 담론(폭력, 비만 등)에 대한 걱정이 발생됨.
  - 온라인과 가상 커뮤니티에서의 놀이가 만연되면서 대중문화의 영향, 컴퓨터 게임으로 보내는 시간의 양, 사회적 관계, 신체놀이와 실외놀이의 감소로 인한 비만 유발 등에 대한 논쟁을 불러일으킴.
  - 안전에 대한 염려와 시공간의 부족은 유아의 실외놀이와 신체놀이 기회를 빼앗아가면서 비만과 전자기기 화면을 응시하는 시간의 양 증가로 이어짐.

2. 놀이와 유아교육

○ 놀이를 정의하기가 어렵듯이 교육 또한 정의하기가 쉽지 않고 교육의 목적에 대한 관점이 다양하기에 정의 또한 다양함. 다양한 교육의 정의 속에 내포된 공통된 특성에는 상호보완성, 의도성, 변증성 등이 포함됨(조용환, 1997).

- ‘상호보완성’은 교육이 교수와 학습의 상호보완적 활동으로 이루어진다는 것이고, ‘의도성’은 교육이 보다 나은 능력과 품성을 자신이 갖고자 하거나 타인이 갖도록 도와주려는 의도에서 출발한다는 것을 의미함. ‘변증성’은 인간이 현재의 삶보다 나은 미래를 소망하는 향상 의지를 가지고 있기에 교육은 이러한 삶에 대한 변화와 향상을 모색해야 한다는 것을 의미함.

○ 상호보완성, 의도성, 변증성은 교육이 바람직한 방향으로 의도를 가지고 인간을 변화시키려 한다는 공통된 특성을 나타내는 것으로 놀이가 갖는 즐거움, 비실제성, 규칙으로부터의 자유, 과정 중심으로 놀이 자체가 목적이라는 특성 등과는 매우 상반됨.

- 놀이는 일상을 벗어나 자유롭게 즐기는 행위로 재미를 추구하는 반면, 교육은 교육목적에 적합한 방향으로 학습자를 안내하려는 의도성을 갖기에 이러한 상반된 특성은 교육상황에서 놀이에 대한 부정적 인식을 유발함 (오채선, 2019).
- 놀면서 자란다는 생각을 갖고 있는 영유아기 부모들도 자녀가 교육기관에 다니고 학년이 올라갈수록 노는 것과 공부하는 것을 구분하기 시작함(조용환, 2000).

  → 놀이와 교육은 서로 다른 입장을 지향하기에 딜레마가 발생함.

○ 그럼에도 불구하고, 유아교육에서 영유아의 놀이는 중요한 위치를 차지하고 그 중요성이 지속적으로 강조됨.

- Plato는 자신의 본성을 표현하기 위해 자발적으로 선택하는 활동이 놀이라고 하면서 유아기 놀이를 통한 자발적인 학습의 중요성을 강조함.
- Rousseau와 Pestalozzi도 놀이를 중심으로 한 능동적 학습의 중요성을 강조함.
- Froebel과 Montessori 역시 은물과 작업, 감각교구 중심의 놀이를 강조함.
- Dewey의 진보주의 교육운동 영향으로 놀이를 중심으로 한 교육에 대한 체계적이고 과학적인 연구가 가속화됨.

- Piaget와 Vygotsky는 유아가 스스로 지식을 구성해 나가는 데 기여하는 놀이란 영유아 발달과 학습에 중요하고 유아의 권리라는 담론 형성을 활성화함.
  → 놀이에 대한 교육적 가능성을 다양한 방식으로 활용해 오면서, 교육적 놀이(educational play)에 대한 토대를 형성함.
- 후기 구조구의, 포스트 모더니즘에 근거한 놀이 이론의 등장으로 놀이에 대한 보편적 담론에 변화가 발생함. 놀이는 교육적 관점 안에서 구조적으로 바라보면 놀이의 본질을 잃게 되기에 놀이자 자신의 의미를 반영하는 놀이의 복잡성에 대한 이해가 필요하다고 봄. 즉 구조화된 교육적 놀이의 제한점을 지적하고 비구조적인 자유놀이의 필요성을 강조함.

○ 놀이가 중심이 되는 교육의 의미와 방법에 대해서는 두 가지 입장이 존재함. (Hirsh, 2004; OECD, 2012)
- 첫째는 놀이가 교수학습 방법으로 활용되어야 한다는 입장으로, 놀이가 발달과 학습을 이끄는 매개체로 작용하기에 교육적인 놀이의 중요성을 강조함. 프랑스 및 영어권 국가들과 구성주의적 신념의 교사들이 지지하는 입장으로, 놀이의 본질을 잊고 교육의 수단화가 될 수 있다는 단점이 있음.
- 둘째는 놀이 자체가 교육의 내용이자 목적이어야 한다는 입장으로, 놀이 그 자체에 중심을 두고자 함. 스웨덴, 노르웨이, 핀란드 등 노르딕 국가에서 지지하는 입장으로, 사회통념에 어긋나는 illicit play의 발생 등 교육적 맥락과 결과가 무시될 수 있음.

○ 놀이를 유아교육과정에 포함시키기 위한 접근법 세 가지를 살펴보면 다음과 같음(Wisneski & Reifel, 2012).
- 첫째, 놀이를 전적으로 믿고 의지하는 접근법(trust-in-play approach)으로 유아의 놀이성을 존중하여 교사의 개입을 최소화하는 방식임. 방임적 놀이 접근(hands-off play approach)이라고도 불림.

- 둘째, 놀이를 촉진하는 접근법(facilitate–play approach)으로 놀이는 유아의 발달에 기여하고, 긍정적 성과를 강화하므로 이를 위해 교사가 놀이에 참여하고 적절한 개입을 해야 한다는 방식임. 즉 비계설정을 통해 교사가 놀이를 촉진해 줌으로써 학습과 발달에 기여할 수 있다고 보는 접근임.
- 셋째, 놀이를 통해 교수–학습을 이끄는 접근법(learn–and–teach through–play approach)으로 교사가 유아에게 특정 기술이나 개념이 포함된 맥락을 제공하고 적극적 개입을 통해 유아의 문제를 해결하고 의도적으로 놀이를 지지하는 접근임.

○ 놀이와 유아교육과정 간의 관계를 방향성 차원으로 나누어 구분해 볼 수 있음(Van Hoorn, Nourot, Scales, & Alward, 2007).

- 첫째는 교육과정이 유아의 놀이를 불러일으키거나 영향을 주는 방식으로 교육과정으로부터 생성된 놀이(curriculum–generated play) 유형임. 즉, 유아의 학습 및 기술 습득을 돕기 위해 놀이 경험을 제공하는 것임.
  - 교육과정에서 가르칠 내용을 교육적 놀이로 구성하여 운영하는 방식으로, 교과내용이 풍부한 놀이영역을 제공해 주는 것이나 게임 등이 이에 속함.
  - 이 유형에서 놀이는 유아가 기술과 개념을 배울 수 있는 초기 학습의 기회를 제공하거나 연습과 강화의 기회를 제공함.
- 둘째는 유아의 놀이 행동이 교육과정 내용 결정에 영향을 주는 방식으로 놀이로부터 생성된 교육과정(play–generated curriculum) 유형임. 즉 유아의 자연스러운 놀이 속에서 나타나는 주제와 흥미를 중심으로 학습경험을 조직하여 교육과정을 운영하는 것임.
  - 레지오 에밀리아 프로그램이 이 유형에 속하는 대표적인 유형으로, 이 유형의 교육과정이 잘 운영되고 있는지에 대한 평가는 경험의 연속성과 상호작용 측면에서 살펴볼 수 있음. 이 유형의 교육과정을 운영하는 교사는 유아들의 과거, 현재, 미래의 상황과 경험을 잘 고려해야 할 뿐만

아니라 사회제약과 현실 같은 객관적 요소와 공상, 감정, 개인적인 요구와 같은 주관적 요구 사이에서 균형 잡힌 상호작용을 해야 함.

○ 놀이와 교육의 관계는 매우 다루기 힘든 문제로 현장의 교사들은 유아들이 놀이를 통해 무엇인가를 꼭 배우는 것 같지 않다고 생각하거나, 교사로서 무엇을 가르치고 있다면 유아들은 놀이하고 있는 것이 아니라고 여겨지기에 놀이와 교육을 통합하는 것의 어려움을 느낄 수 있음.

3. 놀이, 배움, 가르침 사이의 통합을 위한 도전

○ 교육을 배움과 가르침을 통한 인간 형성의 과정이라고 본다면 교육과정에서 배움과 가르침의 문제는 매우 중요한 교육적 논제임. 배움과 가르침은 이분법을 넘어서 변증법적 관계이며 동시적인 현상으로, 가르침은 배움이 함께 일어나지 않으면 존재할 수 없는 홀리스틱한 실천(Freire, 2007)임. 따라서 가르침에 대한 진정성과 힘은 가르치는 자의 배움의 기쁨과 책임에서 나옴(이경숙, 2016).

○ 유아교육과정은 놀이와 학습활동 간의 균형 있는 계획과 수행이 중요함(OECD, 2017). 놀이와 학습활동은 균형 있게 강조되어야 하기에 영유아의 자발적인 놀이, 비구조적인 자유놀이뿐 아니라 학습활동을 진행할 때도 영유아의 선택과 내적 동기를 강조하면서 놀이스럽게 실행하는 것이 바람직함.

- 유아교육 분야에서 놀이만으로서는 유아가 교과 및 비교과의 내용 지식을 습득하는 데 충분하지 않으므로, 교사가 놀이상황에서 적극적인 역할을 수행하며 유아의 배움을 촉진해야 함(Edwards, 2017).
- 이에 Wood(2010)는 유아의 학습을 촉진하고 지지하기 위해 유아교육에서 교사들이 활용하는 pedagogical play의 중요성을 강조함. 이는 순수한 놀이의 가치를 평가절하하는 것이 아니라 유아교육의 맥락에서 놀이, 배움, 가

르침의 통합을 추구하기 위한 도전임.

○ Edwards, Cutter-Mackenzie, Moore와 Boyd(2017)는 성인주도 활동과 유아주도 활동의 연속선상에서 놀이의 세 가지 주요 유형 – 개방된 놀이, 안내된 놀이, 목적이 있는 유형화된 놀이 – 을 제시하면서, 교육현장에서는 놀이와 의도적 교수를 모두 제공하는 것이 필요하다고 제안함.([그림 1] 참조).

- 개방된 놀이(open-ended play)는 자유놀이(free play)를 의미함. 유아가 주변 환경을 탐색하며 자유롭게 놀이하는 것으로, 이러한 놀이가 유아들에게는 재밌고 흥미롭고 때로는 지저분해도 되고 친구와 놀 수 있기 때문에 즐겁고, 교사는 놀이를 관찰하면서 유아의 관심이나 아이디어에 대해 이해하게 되므로 유아로부터 배울 수 있는 기회를 제공받게 됨.
- 안내된 놀이(modelled play)는 구조화된 놀이(structured play)를 의미함. 교사가 유아에게 놀이 중에 관련 개념을 안내하면서 놀이를 지원하는 것으로, 유아들에게 무엇을 할지 보여주기 때문에 유아는 혼란스러운 놀이 속에서 새로운 생각이나 사고를 지원받으며 놀이를 즐기게 됨.
- 목적이 있는 유형화된 놀이(purposefully-framed play)는 성인 주도의 활동을 의미함. 교사가 그림책, 포스터, 노래, 비디오 등과 같은 다양한 자료를 활용하여 유아의 이전 경험을 토대로 새로운 지식을 발전시켜 나갈 수 있도록 지원하는 것으로, 유아는 교사와 이야기를 나누며 새로운 것을 배우기 때문에 이 유형의 놀이도 즐기게 됨.

  → 위의 세 가지 놀이유형은 모두 동등한 교육적 가치를 지님.
- 교사들은 배움과 가르침을 위해 세 가지 놀이유형을 다양하게 혼합하여 사용해야 함. 즉 학습을 증진시키기 위해 개방적 놀이에만 의존하는 대신, 개방적 놀이를 지지하면서 동시에 안내된 놀이를 활용하여 개념을 습득하도록 도울 수 있음. 또한 목적이 있는 유형화된 놀이를 제공함으로써 유아의 사고가 확장되면 결과적으로 이후에 나타나는 유아의 개방적 놀이는 보다

질 높은 놀이가 될 수 있음.

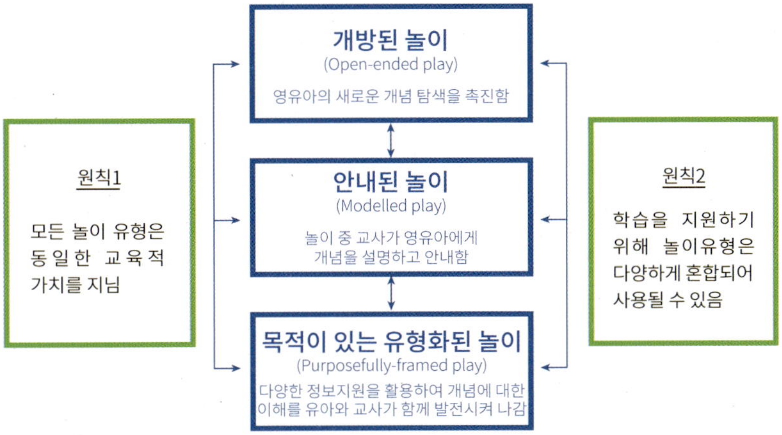

[그림 1] 놀이에 기초한 학습과 의도적 교수를 위한 놀이틀

출처: Edwards, Cutter−Mackenzie, Moore & Boyd, 2017, p.15

○ Wood(2010)는 교육과정 계획, 실행, 평가의 운영과정에서 놀이를 통합할 수 있는 방법으로 '통합적 교육과정과 교육학적 접근 모델(model of integrated curriculum and pedagogical approaches)'을 제시함([그림 2] 참조).

- 교사가 환경을 계획하고 교사의 역할이 포함된 활동을 계획한 뒤 활동을 실행하고 관찰을 통해 평가하고 반영하는 순환적인 교육과정 영역과 유아 주도적 활동과 교사 주도적 활동이 연결되는 교수방법 영역으로 구분함.
- 유아 주도적 활동은 자유놀이로 대변되고 교사 주도적 활동은 일과 비놀이로 구분될 수 있는데, 놀이와 일을 이분법적으로 나누기보다는 구조화된 놀이로 이들을 적절하게 통합시켜 교육과정에 활용하는 것이 중요하다고 봄.
- 미리 계획된 활동들을 낱낱이 나열하거나 각각의 흥미 영역에 펼쳐놓고 진행되는 놀이는 오히려 유아들에게 일/비놀이로 여겨지면서 놀이를 진정하게 활용하는 교육을 저해하는 결과를 초래함. 또한 어떤 준비나 계획도 없

이 유아들이 스스로 알아서 자신의 놀이를 진행하도록 내버려 두는 것은 방치로 전락하여 교육적 기능을 저해할 수 있음.

- 배움과 가르침은 성인이 유아에게 일방적으로 전달하는 것이 아니라, 공동으로 구성하는 과정임. 성인은 유아의 놀이를 직접 계획할 수는 없지만, 유아의 놀이를 위한 계획은 해야 함. 즉 교육학적 접근 모델의 초점은 융통성(flexibility)과 반응성(responsiveness)에 있음.

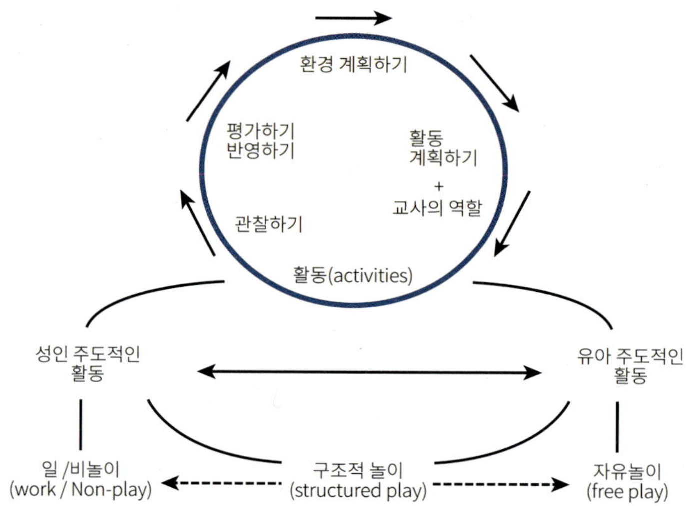

[그림 2] 통합적 교육과정과 교육학적 접근 모델

출처: Wood, 2010, p.21; Wood, 2013, p.71

○ Wood(2014)는 놀이/가르침, 유아/성인, 학생/교사 등과 같은 이분법적 사고를 지양하고, 유아들이 경험하는 세상과의 접속 지점을 확장해 주면서 배움의 사건이 자연스럽게 이루어지도록 하는 교사 역할의 중요성을 강조함.

- 놀이맥락에는 두 가지 중요한 흥미 – 자유놀이 흥미(free play interests)와 탐구기반 흥미(inquiry based interests) – 가 얽혀 있기에 놀이를 지나치게 낭만적으로 바라보거나, 놀이와 학습을 구별하여 이분법적으로 놀이를 규

정해서는 안 됨.

- 자유놀이 흥미(free play interests)는 성인이 규정한 형식에서 벗어나는 것이고, 탐구기반 흥미(inquiry based interests)는 세상과 문화를 이해하고자 하는 것임. 두 가지 흥미는 서로 얽히고 이어지면서 능동적인 경험이 연속적으로 일어날 때 놀이 속에서 진정한 배움이 이루어진다고 봄.

○ Levin(2009)은 교사의 개입과 유아의 주도성 간의 관계를 그래프로 제시하며(그림 3 참조), 적절하게 많은 교사의 개입과 유아의 높은 주도성이 만났을 때 가장 이상적인 교육현장의 모습이 될 수 있다고 제안함.

- 교사의 개입이 적은 경우, 유아의 주도성이 낮으면 놀이감에만 의존하게 되고 유아의 주도성이 높으면 자유방임의 상태가 됨.
- 반면 교사의 개입이 많은 경우, 유아의 주도성이 낮으면 교사 주도적으로 흘러가게 되지만, 유아의 주도성이 높으면 매우 이상적인 놀이와 교육과정 통합이 일어날 수 있음.

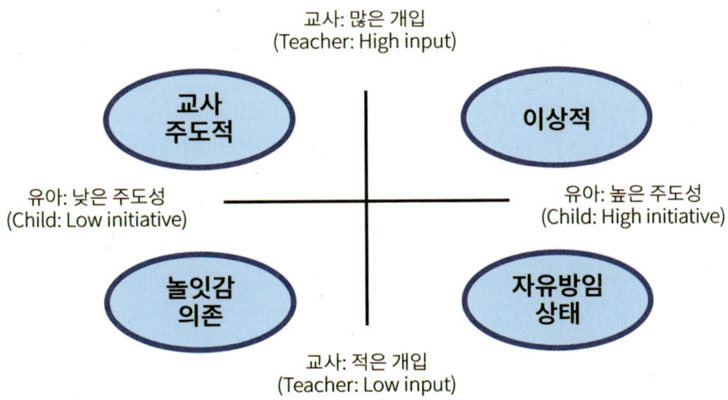

[그림 3] 교사의 개입과 유아의 주도성 간의 관계

출처: Miller & Almon, 2009, p.52 재인용

○ 놀이, 배움, 가르침의 통합을 위해서는 교사의 역할이 매우 중요함. 놀이와 교육을 연결하기 위해서는 많은 딜레마 상황에 처하게 되고 혼란스럽지만, 유아교육 현장에서 좀 더 상호적이고 유아가 더 잘 참여할 수 있는 교육학적 접근을 창안해 내는 것이 중요한 과제이자 도전임.

○ 이를 위해 Wood(2013)는 놀이에서 교사의 역할을 8가지로 제안함.

- 유연한 계획자 되기(Be a flexible planner)
- 숙련된 관찰자 되기(Be a skilled observer)
- 훌륭한 경청자 되기(Be a good listener)
- 훌륭한 의사소통자 되기(Be a good communicator)
- 놀이로부터 영감받기(Being inspired by play)
- 안전, 접근성, 기회의 평등함 감독하기(Supervise for safety, access and equal opportunities)
- 민감한 공동놀이자 되기(Be a sensitive co-player)
- 연구자 되기(Be a researcher)

→ 놀이에서 교사의 역할은 매우 다양하고 복잡함. 단, 기본 원리는 일어나고 있는 상황에 맞추어 상호작용하고, 놀이의 흐름과 정신을 존중해야 한다는 것임. 교사 주도적 놀이와 유아 주도적 놀이 모두 다른 활동으로 확장될 수 있는 아이디어와 흥미를 제공할 수 있음. 유아 주도적 놀이를 하면서도 일을 하는 것처럼 깊게 몰두할 수 있고, 교사 주도적 놀이를 하면서도 진정한 놀이스러움과 자발성이 일어날 수 있음.

○ Pramling 외(2019)는 놀이-반응적 교수법(play-responsive teaching)을 소개하면서, 특정한 목표지향적인 비계설정(scaffolding)으로서의 교사의 행동보다는 예측할 수 없는 개방성을 중요시하는 촉발(triggering)을 보다 더 숙련된 교사의 행동으로 개념화함.

- 상호주관성(intersubjectivity)과 변화/타자성(alterity)이 역동적으로 일어나는 공간에서 놀이-반응적 방법으로 교수 학습이 일어날 것을 제안함.
- 놀이기반(play-based)보다 놀이 반응(play-responsive)이라는 용어를 사용하

는 것은 활동이 반드시 놀이에서 시작되는 것은 아니라는 것을 나타내기 위한 것으로, 놀이에서 시작될 뿐만 아니라 놀이에 반응하는 양방향적인 것임.

- 반응적이라는 것은 단지 교사가 유아들이 원하는 것을 따르는 것이 아니라, 새로운 분야의 지식과 새로운 놀이 방법을 소개하는 것이 핵심임. 반응성(responsiveness)은 유아가 주도하고 흥미를 보이는 것에 대해 반응하는 것(reactive)과 스스로 할 수 없는 경험을 위한 기회를 소개하거나 제공하는 주도적인 것(proactive) 모두를 의미함.
- 유아교육 환경에서 가르침(teaching, 교수)이 상호적으로 구성되는 활동일지라도 교사는 유아의 놀이를 위해 매우 중요한 역할을 수행해야 함. 교사와 유아가 공동 구성자로서 참여하지만, 교사는 더 숙련된 참여자로서 질문, 현실과 가상세계의 연결, 상위의사소통 등의 실천을 통해 유아들이 도전하도록 지원해야 할 책임이 있음.

배움과 가르침이 주요 논제인 교육과 연계된 놀이의 위치는 매우 모호하고 딜레마가 발생한다. 교육적 목적을 채워주고 유아의 학습방법으로서 매우 중요시되어 온 목적적 놀이라는 교육적 관점은 놀이를 너무 구조화시켜서 유아의 순수한 놀이를 방해할 수 있고, 유아의 요구와 흥미를 표현하는 자유롭고 자연스러운 방법으로 중요한 자유놀이 또는 자유 선택이라는 이상적인 관점은 유아의 놀이를 교육적으로 승화시키지 못할 수 있다. 놀이와 교육 간의 관계를 연구하는 학자들 사이에서 놀이의 의미에 대한 이러한 양분된 담론이 진행되는 가운데, 초 · 중 · 고등학교 교육과정 개정과는 별도로 2019년 개정되어 2020년부터 시행된 영유아 시기의 국가 교육과정(누리과정) 개편은 유아교육 현장에 혼란을 가져다주고 있다. 이러한 혼란은 어찌 보면 큰 도전이 될 수 있다. 꿋꿋하게 교육현장을 지키는 영유아 교사들은 이러한 상황을 가능성의 기회로 삼아야 한다(엄정애, 2019). 편협한 정책적 지침을 뛰어넘어 현장 연구를 통해 좀 더 도전적으로 발전하는 현장이 될 수 있도록 해야 할 것이다.

놀이, 배움, 가르침의 통합을 위한 유아교육 바로 알기

Ⅱ. 놀이, 배움 가르침의 통합을 위한 유아교육: 교육과정 계획, 실행, 평가의 운영

개정 누리과정에서는 유아와 놀이가 중심이 되는 교육과정 실현을 위해 국가 수준 교육과정의 간략화를 강조하였다. 이는 교사가 미리 계획한 교육과정이 아닌 유아들의 흥미와 관심에 따라 놀이가 자연스럽게 발현, 실행되는 과정 속에서 유아와 교사가 함께 만들어 가는 교육과정으로의 변화를 의미한다(교육부 · 보건복지부, 2019). 교사가 주도적으로 미리 계획한 교육과정은 일반적인 학급 상황을 반영하여 실시되므로, 학급 유아들이 보이는 개별적 특성을 즉각적으로 반영하기에 어려움이 있다. 교육과정에서 놀이가 중심이 된다는 것은 곧 교육과정에서 유아의 참여를 강조하는 것이며, 놀이, 배움, 가르침의 통합을 위한 교육을 위해서는 교사와 유아가 모두 주도권을 가지고 교육과정의 목표, 주제, 방법, 환경 등을 함께 계획하고 실행, 평가해야 한다. 그러므로 놀이를 통해 나타나는 유아들의 개별적인 발달 특성, 성향, 흥미와 관심이 모두 교육과정에 반영되어야 한다. 같은 기관이나 동일한 연령이라 하더라도 학급별로 각기 다른 교육과정이 운영될 수 있다. 이에 교육과정이 이상적으로 실현되기 위해서는 교사의 민감함과 자율성, 융통성이 뒷받침되어야 한다.

현장의 많은 교사들은 '계획된 교육과정'이 아닌 '만들어가는 교육과정'을 실현하기 위한 구체적인 방법은 무엇인지에 대해 혼란을 느낀다. 교육과정을 위한 계획은 지금까지와는 어떤 차이점을 갖는지, 놀이 중심 교육과정 운영에서 교사의 주도적인 계획은 하나도 필요가 없는 것인지, 실행한 후 평가는 어떻게 이루어져야 하는지 등에 대해 구체적으로 알고 싶어 한다. 유아가 보이는 흥미와 관심, 놀

이가 어떤 방법으로 교육과정 안에 들어올 수 있는지 의문을 갖는다.

개정 교육과정에서는 이러한 내용을 담는 형식과 방법들에 모두 자율성을 강조하므로 기관과 교사, 유아에 따라 다양성을 갖는다. 교사들은 저마다 자신의 학급에서 놀이 중심 교육과정을 실행하면서, 자신만의 교육과정 계획과 실행, 평가의 실제를 갖게 된다. 그러므로 바람직한 개정 교육과정의 실행을 위해서는 교사들이 자신들의 교육과정을 다른 동료들과 함께 서로 공유하면서 유아와 놀이가 중심이 되는 교육과정을 구현하기 위한 방법에 대해 다양하게 살펴보고, 교사 자신이 처한 현재 상황에서 최선의 방법을 찾기 위해 연구할 필요가 있다.

교육과정의 핵심 원리는 놀이 중심 교육과정에서도 당연히 유지되어야 한다. 계획, 실행, 평가의 형식이 없어지는 것이 아니라 그 의미가 달라져야 한다. 먼저 교사는 개정 교육과정의 방향을 바르게 인식할 필요가 있다. 유아가 함께 만들어 나가는 교육과정임을 인지하고 교사로서 유아와 함께 교육과정을 만들어 나가기 위한 기본을 계획한다. 이를 실행하는 과정에서 지속적으로 평가하며, 평가 내용을 다시 계획에 반영할 수 있도록 해야 한다. 이러한 순환과정을 거쳐가면서 유아는 자유로운 상황에서 놀이를 통해 즐거움과 만족감을 느끼고, 자연스럽게 발달과 성장을 이룰 수 있다. 또한 교사도 누리과정에 입각해 기본적으로 계획한 교육목표를 유아의 놀이에 연계하여 실현함으로서 교육자로서의 성취감과 보람을 느낄 수 있을 것이다.

본 장에서는 놀이와 배움, 가르침의 통합을 위한 교육을 실현하기 위해 교육과정의 계획, 실행, 평가가 어떤 방법으로 운영되는지 이대부속유치원의 사례를 통해 구체적으로 소개하고자 한다. 이를 통해 현장의 교사들이 놀이 중심 교육과정의 실제에 대한 이해의 폭을 넓히고, 자신의 학급에 적합한 교육과정 실현 방향과 구체적인 방법을 고찰해 보는 데 도움을 주고자 한다.

1. 놀이, 배움, 가르침의 통합을 위한 교육계획의 변화

1) 우리 기관의 '연령별 교육과정 방향' 설정하기

- 교사가 유아들의 자유로운 놀이를 지원함과 동시에 유아교육을 통해 궁극적으로 교육목표를 달성하고 유아의 전인 발달을 지원할 수 있도록 우선적으로 누리과정의 목적과 목표, 추구하는 인간상을 바탕으로 연령별 교육과정 방향을 설정함.
- 연초 원장, 원감, 전 연령 교사가 함께 공유하여 우리 기관 내에서의 연령별 목표와 방향에 대해 협의하며, 교사는 이러한 내용을 학급별 교육과정 계획에 반영함.

연령별 교육과정 방향

누리과정의 목적과 목표

가. 자신의 소중함을 알고, 건강하고 안전한 생활 습관을 기른다.
나. 자신의 일을 스스로 해결하는 기초능력을 기른다.
다. 호기심과 탐구심을 가지고 상상력과 창의력을 기른다.
라. 일상에서 아름다움을 느끼고 문화적 감수성을 기른다.
마. 사람과 자연을 존중하고 배려하며 소통하는 태도를 기른다.

추구하는 인간상

- 건강한 사람
- 자주적인 사람
- 창의적인 사람
- 감성이 풍부한 사람
- 더불어 사는 사람

연령	방향	누리과정	주제
5세	협력의 배움과 실천 문제해결	의사소통 자연탐구	우리
4세	소통 · 관계의 배움 언어적 표현	사회관계 의사소통	친구
3세	탐색과 적응 새로운 경험과 표현	신체운동 · 건강 사회관계	나

2) 연간교육계획안

• 이전 교육과정에서는 교사가 유아의 전인적 성장 · 발달에 도움이 되는, 유아의 현재와 미래의 삶에 의미 있을 주제들을 선정하여 1년간의 계획을 작성 · 실천함. 이를 유아교육의 기본원리에 따라 유아에게 의미 있는 학습, 통합적인 학습이 이루어질 수 있게 구체적인 것부터 추상적인 것, 단순한 사실부터 복잡한 개념으로 연결되도록 연간 9~12개의 생활주제를 계획하였음.

연령별 편성 그래프를 사용하여 누리과정 5개 영역 중 해당 연령에서 강조점을 두어 지도할 영역과 시기를 표시함

학기 초, 학기 말에는 유아들이 기관 생활에 새롭게 적응하거나 상급 연령 진급을 준비하는 데 반드시 필요한 주제('즐거운 유치원', '형 반 진급과 초등학교 진학')들을 교사가 선정하여 유아들이 필수적으로 학습해야 하는 내용들을 다루었음

학기 초 유아들은 처음 만난 학급과 친구들, 선생님이 아직 낯설기 때문에 적응할 시간이 필요함. 유아들이 새로운 환경에 잘 적응해야 자신이 흥미 있는 것에 적극적으로 탐구하고자 노력하며 놀이에 몰입할 수 있으므로, 이 시기에는 즐거운 '즐거운 유치원' 주제를 계획하여 유치원 또는 학급 생활을 즐겁고 안전하게 하기 위해 지켜야 할 약속과 학급, 공유시설에 대한 안내를 하고자 계획함

2020학년도 만 3세 연간교육계획안

만 3세 교육과정은 신체운동 · 건강영역과 사회관계영역에 특히 중점을 두어 운영할 계획임. 신체운동 · 건강영역은 신체활동과 공동체 생활에 필요한 기본생활습관 형성에 중점을 두어 지도할 것임. 사회관계영역은 또래와의 관계 형성, 사회적 규칙 알고 지키기와 교사 및 또래 집단 간의 상호작용 능력 발달에 중점을 두어 지도할 것임

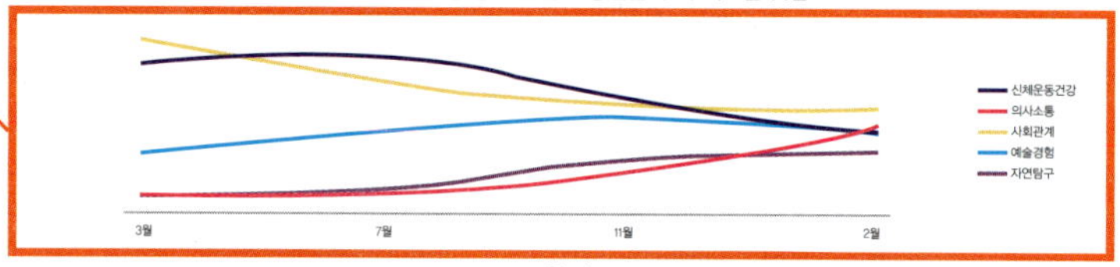

– 1 학 기 –

전년도 평가 및 2020학년도 계획	월	주	주 제	행 사
▶'즐거운 유치원' 주제 시 유아들이 새로운 유치원 환경에 건강하고 안전하게 적응할 수 있도록 교육과정을 운영하고자 함. 특히 학기 초에는 신체 · 운동 건강영역에 중점을 두어 유아들이 '나'에 대한 충분한 탐색과 인식이 이루어지도록 지원하고 기초 체력을 키울 수 있도록 도울 것임	'20 3	2 3 4 5	즐거운 유치원	4(수) 2020학년도 1학기 개학일 20(금) 집단면담(원아 수업 없음) 23(월) 1학기 그림책 대여 프로그램 시작 31(화) 이화유치원 형 · 동생 인사나누기 소방안전교육
▶전년도와 마찬가지로 계절 주제를 중심으로 교육과정을 계획함. 유아들이 계절의 변화 안에서 자연에 대한 다양한 호기심을 가질 수 있도록 지원하고 이를 토대로 즐거운 배움이 이루어질 수 있도록 지도할 것임. 특히 자연관련 교육활동 중 유아들이 흥미를 보일 수 있는 곤충의 경우 '동물' 주제를 통하여 충분한 탐색과 관찰이 이루어지도록 지원하고자 함	4	1 2 3 4 5	봄	1(수) 이화여대 유아교육과 교육실습 시작 2(목) 급식 및 정상수업 시작 8(수) 부모회 8(수)~9(목) 부모수업참관 8(수)~13(월) 부활절 활동 13(월) 부활절예배 15(수) 제21대 국회의원선거일 17(금) 현장학습(교내) 25(토) 아버지참여일 29(수) 이화여대 유아교육과 교육실습 종료 30(목) 석가탄신일 이화여대 교정 야외학습 소방대피훈련
	5	/1 2 3 4 5		1(금) 자율휴업일 4(월) 자율휴업일 5(화) 어린이날 14(목)~15(금) 부모수업참관(급식) 20(수)~21(목) 구강검진(예정) 31(일) 이화여자대학교 창립기념일 재난대응 안전한국훈련 이화여대 교정 야외학습
	6	/1 2 3 4 5		1(월)~30(화) 교사 동료장학 및 연구의 달 6(토) 현충일 17(수) 부모회(학급별 연구수업 보고) 소방대피훈련 이화여대 기관 견학
	7	/1 2 3	여름	3(금) 1학기 그림책 대여 프로그램 종료 7(화)~10(금) 제1차 부모 · 교사 개인면담(오후) 17(금) 2020학년도 1학기 종업일 소방대피훈련

• 놀이, 배움, 가르침의 통합을 위한 교육과정에서는 유아의 교육에 필수적인 주제만 계획하고 나머지 부분에는 여백을 두어 유아의 흥미와 놀이, 의견을 교육계획에 즉각적으로 반영할 수 있도록 함.

– 2 학 기 –

전년도 평가 및 2020학년도 계획	월	주	주 제	행 사
▶'여름' 주제에서는 개학 후 오랜 만에 시작하는 유치원 생활에 다시 적응해 나갈 수 있도록 중점을 두어 지원할 것임 ▶'가을' 주제에서는 '표현하기'와 관련한 교육활동을 중심으로 계획하고자 함. 가을은 다른 계절에 비해 실외활동을 하기에 환경적으로 적절한 조건일 때가 많아 자연에 대한 충분한 경험이 이루어질 수 있음. 이를 토대로 유아들이 보고 느낀 자연에 대한 생각과 느낌을 자유롭게 표현할 수 있도록 도와줌으로써 자율성과 창의성을 기를 수 있도록 지원하고자 함	8 · 9	5 1 2 3 4 5	여름	8/24(월) 2020학년도 2학기 개학일 2학기 그림책 대여 프로그램 시작 9/2(수) 부모회 25(금) 가을놀이마당 28(월)~29(화) 추석 활동 30(수)~10/2(금) 추석 연휴 소방대피훈련
	10	/1 2 3 4 5	가을	2(금) 이화유치원 창립 106주년 기념일(휴원) 3(토) 개천절 7(수) 학급사진 촬영 9(금) 한글날 소방대피훈련 이화여대 교정 야외학습
▶'겨울' 주제를 다룰 시에는 만 4세 반 진급과 관련하여 진급하게 될 학급의 새로운 생활에 대한 관심과 기대감을 가지도록 지원할 것임. 형 반 진급에 대해 걱정과 두려움을 가지는 유아들도 있으므로 이에 대한 교육활동 및 형들의 도움을 받아 유아들이 형 반에 대한 궁금증을 해소하고 진급에 대한 기대감과 자부심을 가질 수 있도록 도울 것임	11	1 2 3 4 5		9(월)~12(목) 제2차 부모 · 교사 개인면담(오후) 19(목) 추수감사예배 27(금) 2학기 그림책 대여 프로그램 종료 소방대피훈련
	12	/1 2 3	겨울	2(수) 부모회 어머니참여일 18(금) 성탄축하회 종업일 소방대피훈련
	'21 1 · 2	5 /1 2 3	형 반 진급	1/28(목) 개학일 2/10(수) 2020학년도 만3 · 4세 수료일 11(목)~13(토) 설 연휴 소방대피훈련

소풍, 운동회, 부모참여일 등의 교육 행사 일정을 연안에 함께 기록하여 교육과정에 반영함

봄, 여름, 가을, 겨울 등의 사계절에 따른 환경의 변화는 모든 유아들이 일상을 통해 자연스럽게 접할 수 있는 친근한 소재임. 그러므로 계절에 대한 주제를 연안에 포함시키고 해당 계절에 맞추어 자연과 기후의 변화, 사람들의 생활 양식에 대한 변화를 체감해 볼 수 있도록 계획하였음. 이와 함께 계절의 특성과 관련된 안전교육, 건강 위생교육을 계획함

학기 말에는 유아들이 형 반 진급이나 초등학교 진학에 기대감을 갖고 준비할 수 있도록 관련 주제를 계획함. 진급 또는 진학을 위해 미리 시설을 둘러보기, 수업에 대해 알아보고 연습해 보기, 진학 시 필요한 준비 등을 할 수 있도록 하여 유아들이 두려움을 느끼지 않을 수 있도록 지도함

• 안전교육, 건강 · 질병 · 위생교육, 성교육, 다문화교육 등 국가수준 필수 범교과교육에 대한 계획은 별도로 세워 연안에 반영함

3) 주간교육계획안

- 한 주간 이루어질 교육과정을 주제, 누리과정 영역 및 내용, 자유놀이, 대소집단활동 등으로 나누어 기술함.
- 한 주의 계획을 빠짐없이 다 세워 두기보다는, 교사가 유아와 함께 교육과정을 실행하면서 유아의 반응과 흥미에 따라 즉각적으로 융통성 있게 채워 나갈 수 있도록 함.

한 주의 주제가 어떻게 발현되었는지 유아와 교사의 부분으로 나누어 흐름과 근거를 한 눈에 살펴볼 수 있도록 함

자유놀이를 [놀이], [실내환경], [실외환경]으로 나누어 서술함. [놀이]에는 현재 우리 학급의 유아들이 어떤 놀이를 하고 있는지 기술함. 유아들의 관심사는 무엇인지, 자유놀이가 어떻게 전개되고 있는지와 이에 따른 교사의 지원 방향을 함께 기술함. [실내환경]과 [실외환경]에는 유아의 놀이에 따라 영역별로 어떤 교구들이 제시될 예정인지 기록함

일일 대소집단 활동 개수를 채우려고 노력하기보다 유아의 자유놀이와 주제의 심화, 확장에 꼭 필요하거나 유아의 일반적 발달과 학습을 지원하기 위해 요구되는 대소집단 활동만 계획한 후 나머지는 비워 둠

정해진 계획에 구애 받지 않고 융통성 있게 실시될 수 있도록 요일을 구별하는 줄 삭제

만 3세 병아리반 주간교육계획안 2020학년도 6월 5주 ~ 7월 1주		• 약 한 달여 간 같은 분반으로 등원하면서 유아들이 친구에 관심을 함께 지내게 됨. 그 안에서 여러 친구를 인식하고 관심을 가지며, 다 러 상황 속에서 자신의 감정에 대해 인식하고 이를 적절히 표현하는 • 수도권 내 코로나19 상황이 여전히 계속되고 있음. 코로나19 예방을 관을 기를 수 있도록 지원할 것임 • 여름철 주의해야 할 질병과 예방법에 대해 알고 생활 속에서 실천하		
주 제		[유아] 나 ⟶ / 병아리반 친구 ⟶ **즐거운 유치원 생선가게** ⟵ 또래관계 / ⟵ 여름철 날씨 / ⟵ 감염병 예방 [교사]	누리과정 영역 및 내용	[신] 신체운동 · 건강 [의] 의사소통 [사] 사회관계 [예] 예술경험 [자] 자연탐구
활동 \ 요일/날짜		월(29일)	화(30일)	수(1
자유놀이		[놀이] –지난주, 역할놀이의 아이스크림 가게 소품과 상상놀이영역에 있는 낚시놀이 소품인 생선을 이용하여 사고 파는 놀이 금요일, 교사와 함께 이야기를 나누고 간판을 만들어 보기로 하였음. 추가로 어떤 소품들이 필요한지 함께 이야기를 나 –분반 수업이 계속되다 보니 그 안에서 함께 놀이해본 경험이 있는 어린이들끼리만 놀이하는 경향을 보임. 이번 주부터 이할 수 있도록 지원할 것임 [실내환경] • 쌓기놀이: 블록(종이벽돌블록, 집짓기블록, 코코블록, 메가블록 등), 소품(자동차, 비행기 등), 대근육 기구(무당벌레 매 • 역할놀이: 조리도구(수저, 집게 등) 등 여러 가지 소품 활용하여 놀이하기 • 언어: 듣기/말하기/읽기(그림책『야호 수박』, 『무지개 물고기』, 『고양이와 생선』, 『초밥이 빙글빙글』 등) • 수 • 조작놀이: 퍼즐(나무퍼즐(4조각, 6조각, 15조각)), 도형에 맞게 끼우기, 그룹게임(메모리카드, 연못 건너기 등), 자석 • 과학: 자석(손잡이자석, 판자석 등), 자석에 붙는 재료, 자석에 붙지 않는 재료, 낚시놀이(자석 낚싯대, 물고기 등) 성질 • 미술: 도화지, 채색도구(도트물감, 크레파스, 색연필, 노마르지사인펜 등), 꾸미기재료(스팽글, 지끈, 모루, 빵끈, 수수깡 • 음률: 악기(드럼, 우드실로폰, 레인스틱, 캐스터네츠, 귀로, 막대탬버린, 쉐이커 등) 소리 탐색하고 연주하기 [실외환경] • 만 3세 종합놀이터: 미끄럼틀 타기, 계단 오르기, 과일발 오르기, 원통 통과하기, 그물다리 건너기 등 • 대근육기구: 그네타기, 네스팅브릿지 오르내리기 등 • 정자: 휴식하기, 그림책 보기 • 모래놀이터: 모래놀이도구(여러 가지 크기의 삽, 그릇, 체, 물뿌리개, 자동차 등), 자연물(꽃, 씨앗, 나뭇잎, 열매 등) 활용		
대·소집단활동	이야기 나누기	• 대기에 의한 질병 예방 교육 (자외선, 오존)		
	동화 · 동극 · 동시			• 내 마음은 변신로봇(P
	미 술		• 생선가게 간판 만들기(공동)	
	음 악			
	율동 · 신체활동			• 지그재그 달리기(마당
	게 임			
	전이 · 주의집중			• 표정 보고 기분 알아맞
간 식		• 가래떡1/2, 조청, 우유	• 닭영양죽	• 미니크로와상1, 우유
급 식		• 찰현미밥, 느타리버섯양파국, 돈육찹스테이크, 검은콩조림, 깍두기/수박	• 찰기장밥, 연두부달걀탕, 오삼불고기, 상추무침, 배추김치/방울토마토	• 베이컨김치볶음밥, 두 튀김, 깍두기/파인애플
귀가지도				• 마당놀이 시 사용할 모 오기
교육행사 · 학사일정		※교육실습(2인1일)	※교육실습(2인1일)	※교육실습(수업보조)

• 전주 유아의 놀이 전개를 바탕으로 앞으로의 놀이 진행, 확장에 꼭 필요한 활동(놀이를 공유하기 위한 활동, 놀이에 필요한 정보 공유를 위한 활동, 놀이의 문제를 해결하기 위한 활동)과 유아의 일반적 발달을 지원하기 위해 교사가 필요하다고 생각하는 활동, 필수적으로 이루어져야 하는 범교과교육 활동(건강/안전/위생/다문화교육 등)만 미리 계획해 두기.

형성하며 함께 놀이하면서 전보다 가까워진 모습을 보였음. 이번 주부터는 1/2로 분반 구성을 새로이 변경하여, 이전보다 더욱 많은 어린이들이 를 경험하고 어울려 놀이하는 경험을 할 수 있도록 유아의 흥미인 '생선가게 놀이'를 지원할 계획임. 이와 함께 타인과 함께할 때 겪을 수 있는 여 을 두어 지도할 계획임 생활 속 거리두기, 마스크 착용하기, 손 씻기 등과 같은 개인의 건강 · 위생을 위한 안내를 지속적으로 실시하고 있으며 유아들이 건강한 생활 습 선임		
체활동 즐기기 기와 말하기 불어 생활하기 의적으로 표현하기 활속에서 탐구하기	목 표	여러 가지 신체활동을 통해 신체 조절력을 기른다. 다른 사람의 이야기를 바른 태도로 듣고 적절히 대답한다. 함께 지내는 친구와 사이좋게 지내는 방법을 알고 실천한다. 노래, 율동, 동극 등 여러 예술 표현에 즐겁게 참여한다. 간단한 도구에 관심을 갖고 사용한다.

	목(2일)	금(3일)	평가
습을 보임. 아이스크림 가게를 생선가게로 변경하여 놀이하고 싶어하는 유아들이 많았음. 이에 지난주 게놀이가 활성화될 수 있도록 지원할 것임 이 바뀌어 더욱 많은 친구와 함께 지내게 되는데, 새롭게 만나는 친구들과도 관심을 가지고 어울려 놀			
하여 놀이하기 동물 모형) 등 놀이하기 l하기 활용하여 표현하기			
기 등			
	• 참 좋은 말(그림동화)	• 미안해(PPT동화)	
		• 수수께끼 맞히기	
	• 유기농호상요구르트, 현미스낵	• 단호박찜1/2, 우유	
채소	• 귀리밥, 바지락살미역국, 치즈떡닭갈비, 오이사과무침, 알타리김치/포도	• 찰기장밥, 콩나물국, 소고기잡채, 아몬드 멸치조림, 열무김치, 김부각/방울토마토	
가지고		• 마스크 올바르게 착용하기 • 귀가 후 깨끗이 씻고 휴식하기	
	※교육실습(수업보조)	※교육실습(수업보조)	

한주간 이루어실 주제, 자유놀이, 대소집단활동의 계획의 근거와 흐름을 알 수 있도록 지난주 주제의 전개, 유아들의 반응, 유아들이 보였던 발현적 흥미, 교사의 지원 방향 등을 자세히 풀어서 서술함

자유놀이를 통하여 유아가 어떤 것을 학습할 수 있는지, 교사는 유아를 위해 어떤 부분을 지원할 수 있는지 교육목표를 서술함

4) 일일교육계획안

- 이전 교육과정에서의 일일교육계획안에 비해 전체적으로 간략해짐.
- 유아의 놀이 진행에 따라 일일시간표가 변경될 수 있음. 그런 경우 옆쪽에 수정된 시간표를 기재함.

<table>
<tr><th>학급명</th><th>병아리반 (만 3세)</th><th>날 짜</th><th>2020년 7월 2일 목요일</th><th>수업일수</th><th>27/162일</th></tr>
<tr><td>일 일
시간표</td><td colspan="5">~9:00 등원 및 실내자유놀이
(9:30~) 간식 '유기농호상요구르트, 현미스낵'
10:20~ 정리정돈 및 화장실 다녀오기
10:30~ 신체활동 '지그재그 달리기'(마당)
10:45~ 실외자유놀이
11:30~ 정리정돈 및 화장실 다녀오기
11:40~ 점심식사
13:00~ PPT동화 '내 마음은 변신로봇'
13:10~ 평가 및 귀가지도</td></tr>
<tr><th>시 간</th><th colspan="3">활동명/활동 (목표 및) 내용</th><th colspan="2">준비물 및 유의점</th></tr>
<tr><td rowspan="2">~9:00</td><td colspan="3">◎ 등원 및 실내자유놀이
• 등원 및 인사나누기</td><td colspan="2">*등원 시 체온 측정을 통해 유아건강상태 확인
• 손소독제, 체온계</td></tr>
<tr><td colspan="3">• 실내자유놀이 하기</td><td colspan="2"></td></tr>
<tr><td>(9:30~)</td><td colspan="3">◎ 간식 '유기농호상요구르트, 현미스낵'
• 손씻기
• 기도하고 간식먹기
• 정리하기</td><td colspan="2">– 간식차 가져오기 및 손씻기 지도: ○○○교사
– 간식 준비 및 지도: ○○○교사</td></tr>
<tr><td>10:20~</td><td colspan="3">◎ 정리정돈 및 화장실 다녀오기</td><td colspan="2">– 정리신호: ○○○교사</td></tr>
<tr><td>10:30~</td><td colspan="3">[신 1–2] 신체 각 부분의 움직임을 조절한다.
◎ 신체활동 '지그재그 달리기'(마당)
• 자리정돈 및 주의집중: 선생님의 동작 따라하기
• 활동 소개하기
• 교사와 유아의 시범 보기
• 1차 활동하기
• 평가하기
• 2차 활동하기
• 휴식하기</td><td colspan="2">• 아스코콘 5개</td></tr>
<tr><td>10:50~</td><td colspan="3">◎ 실외자유놀이</td><td colspan="2">*미세먼지농도 76µg/m^3 이상인 경우, 실외 자유선택활동을 실내 자유선택활동으로 대체하여 실시함
*폭염주의보 또는 경보 발령 시, 실외 자유선택활동을 1시간 미만으로 단축하여 실시함
• 탬버린, 유아명단, 디지털 카메라
– 만 3세 종합놀이터: ○○○교사
– 전체: ○○○교사</td></tr>
<tr><td>11:30~</td><td colspan="3">◎ 정리정돈 및 화장실 다녀오기</td><td colspan="2">– 정리신호: ○○○교사</td></tr>
<tr><td>11:40~</td><td colspan="3">◎ 점심식사
• 오이의 영양소와 효능 알아보기
• 점심 먹을 준비하기
• 배식받기
• 기도하고 점심식사하기
• 정리하기</td><td colspan="2">– 배식대 준비 및 점심 식사 세팅: ○○○교사
– 배식 및 식사지도: ○○○교사</td></tr>
<tr><td>13:00~</td><td colspan="3">[사 1–2] 나에게 여러 가지 감정이 있음을 알고 적절히 표현하는 방법을 안다.
◎ PPT동화 '내 마음은 변신로봇'
• 자리정돈 및 주의집중: 표정 보고 기분 알아맞히기
• 동화 소개하기
• 동화 듣기
• 회상하기</td><td colspan="2">• PPT동화자료, 빔프로젝터, 스크린, 리모컨</td></tr>
<tr><td>13:10~</td><td colspan="3">◎ 평가 및 귀가지도
• 일과 중 즐거웠던 일 이야기하기
• 마당놀이 시 사용할 모자, 선크림 등 가지고 오기</td><td colspan="2">– 귀가 준비 지도: ○○○교사
– 유아 인솔: ○○○교사
*귀가 후 교구소독 실시</td></tr>
<tr><td>교육행사 ·
학사일정</td><td colspan="5">※B모둠 등교수업일(A모둠 원격수업)
※교육실습(수업보조)</td></tr>
<tr><td>평 가</td><td colspan="5"></td></tr>
</table>

계획된 활동을 통해 어떤 교육적 지원을 이룰 수 있는지 누리과정 영역별 내용을 서술

2. 놀이, 배움, 가르침의 통합을 위한 교육과정의 실행

1) 교육과정 실행에 따른 계획안의 활용

- 교사는 유아의 놀이를 관찰하여 어떤 놀이가 일어나고 있는지, 어떻게 변화되어 가고 있는지 알고 이를 통해 유아의 발달과 흥미를 파악할 수 있어야 함.
- 관찰한 유아의 흥미와 요구를 토대로 교사 자신이 가지고 있는 교과교육학적 지식(유아의 발달/학급/교육과정/교수학습 방법에 대한 지식)을 사용, 유연하게 교육계획을 수정 · 실행해야 함.
- 이때 연안, 주안, 일안 형식을 활용하여 실제 구현된 교육과정을 기록해 두고, 이를 다음 교육과정 계획에 활용함.

교육과정 실행과 함께 수정된 연간교육계획안의 예

교사가 수정한 사항

2020학년도 만 3세 연간교육계획안

만 3세 교육과정은 신체운동 · 건강영역과 사회관계영역에 특히 중점을 두어 운영할 계획임. 신체운동 · 건강영역은 신체활동과 공동체 생활에 필요한 기본생활습관 형성에 중점을 두어 지도할 것임. 사회관계영역은 또래와의 관계 형성, 사회적 규칙 알고 지키기와 교사 및 또래 집단 간의 상호작용 능력 발달에 중점을 두어 지도할 것임

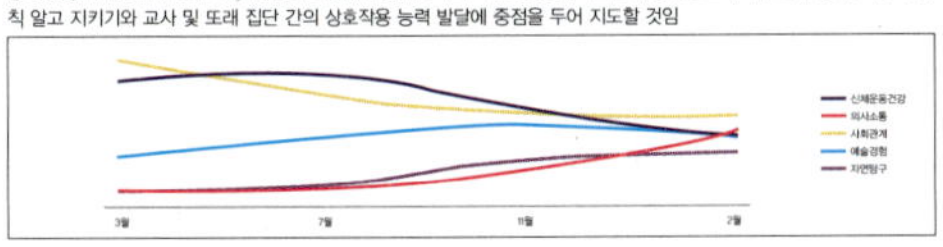

– 1 학 기 –

전년도 평가 및 2020학년도 계획	월	주	주 제	행 사
▶'즐거운 유치원' 주제 시 유아들이 새로운 유치원 환경에 건강하고 안전하게 적응할 수 있도록 교육과정을 운영하고자 함. 특히 학기 초에는 신체운동건강 영역에 중점을 두어 유아들이 '나'에 대한 충분한 탐색과 인식이 이루어지도록 지원하고 기초 체력을 키울 수 있도록 도울 것임	'20 3	2 3 4	즐거운 유치원	4(수) 2020학년도 1학기 개학일 20(금) 집단면담(원아 수업 없음) 23(월) 1학기 그림책 대여 프로그램 시작 31(화) 이화유치원 형 · 동생 인사나누기 소방안전교육
	4	5 1 2 3 4 5	봄	1(수) 이화여대 유아교육과 교육실습 시작 2(목) 급식 및 정상수업 시작 8(수) 부모회 8(수)~9(목) 부모수업참관 8(수)~13(월) 부활절 활동 13(월) 부활절예배 15(수) 제21대 국회의원선거일 17(금) 현장학습(교내) 25(토) 아버지참여일 29(수) 이화여대 유아교육과 교육실습 종료 30(목) 석가탄신일 이화여대 교정 야외학습 소방대피훈련
▶전년도와 마찬가지로 계절 주제를 중심으로 교육과정을 계획함. 유아들이 계절의 변화 안에서 자연에 대한 다양한 호기심을 가질 수 있도록 지원하고 이를 토대로 즐거운 배움이 이루어질 수 있도록 지도할 것임. 특히 자연관련 교육활동 중 유아들이 흥미를 보일 수 있는 곤충의 경우 '동물' 주제를 통하여 충분한 탐색과 관찰이 이루어지도록 지원하고자 함	5	/1 2 3 4 5	코로나19로 인해 개학이 연기되었음(5/27)	1(금) 자율휴업일 4(월) 자율휴업일 5(화) 어린이날 14(목)~15(금) 부모수업참관(급식) 20(수)~21(목) 구강검진(예정) 31(일) 이화여자대학교 창립기념일 재난대응 안전한국훈련 이화여대 교정 야외학습
	6	/1 2 3 4 5	즐거운 유치원 생선가게	1(월)~30(화) 교사 동료장학 및 연구의 달 6(토) 현충일 17(수) 부모회(학급별 연구수업 보고) 소방대피훈련 이화여대 기관 견학
	7	/1 2 3	여름	3(금) 1학기 그림책 대여 프로그램 종료 7(화)~10(금) 제1차 부모 · 교사 개인면담(오후) 17(금) 2020학년도 1학기 종업일 소방대피훈련

– 2 학 기 –

전년도 평가 및 2020학년도 계획	월	주	주 제	행 사
▶'여름' 주제에서는 개학 후 오랜만에 시작하는 유치원 생활에 다시 적응해 나갈 수 있도록 중점을 두어 지원할 것임 ▶'가을' 주제에서는 '표현하기'와 관련한 교육활동을 중심으로 계획하고자 함. 가을은 다른 계절에 비해 실외활동을 하기에 환경적으로 적절한 조건일 때가 많아 자연에 대한 충분한 경험이 이루어질 수 있음. 이를 토대로 유아들이 보고 느낀 자연에 대한 생각과 느낌을 자유롭게 표현할 수 있도록 도와줌으로써 자율성과 창의성을 기를 수 있도록 지원하고자 함	8 · 9	5 1 2 3 4 5	여름 점토 가을	8/24(월) 2020학년도 2학기 개학일 2학기 그림책 대여 프로그램 시작 9/2(수) 부모회 25(금) 가을놀이마당 28(월)~29(화) 추석 활동 30(수)~10/2(금) 추석 연휴 소방대피훈련
	10	/1 2 3 4 5	힘이 센 곤충은 누구일까 파라슈트 놀이 기차와 소충	2(금) 이화유치원 창립 106주년 기념일(휴원) 3(토) 개천절 7(수) 학급사진 촬영 9(금) 한글날 소방대피훈련 이화여대 교정 야외학습
▶'겨울' 주제를 다룰 시에는 만 4세 반 진급과 관련하여 진급하게 될 학급의 새로운 생활에 대한 관심과 기대감을 가지도록 지원할 것임. 형 반 진급에 대해 걱정과 두려움을 가지는 유아들도 있으므로 이에 대한 교육활동 및 형들의 도움을 받아 유아들이 형 반에 대한 궁금증을 해소하고 진급에 대한 기대감과 자부심을 가질 수 있도록 도울 것임	11	1 2 3 4 5	자석 겨울	9(월)~12(목) 제2차 부모 · 교사 개인면담(오후) 19(목) 추수감사예배 27(금) 2학기 그림책 대여 프로그램 종료 소방대피훈련
	12	/1 2 3		2(수) 부모회 어머니참여일 18(금) 성탄축하회 종업일 소방대피훈련
	'21 1 · 2	5 /1 2 3	형 반 진급	1/28(목) 개학일 2/10(수) 2020학년도 만3 · 4세 수료일 11(목)~13(토) 설 연휴 소방대피훈련

- 코로나19로 인하여 5월말 개학하면서 '즐거운 유치원' 주제의 시기가 5월 말~6월 중순으로 미뤄졌음
- 유아들의 관심사와 흥미를 반영하여 생선가게, 점토, 자석 등 다양한 주제의 놀이가 진행됨
- 유아들이 가지는 흥미는 저마다 다르기 때문에 10월 1주처럼 하나의 큰 주제가 아닌 여러 개의 작은 주제들이 한꺼번에 같이 실행되기도 함

교육과정 실행과 함께 수정된 주간교육계획안의 예

[6월 4주]

- 유아들은 역할놀이영역에 마련되어 있던 아이스크림 가게에서 아이스크림이 아닌 상상놀이영역의 낚시놀이 장난감인 생선을 활용하여 사고팔면서 놀이하는 모습을 보임
- 이에 교사는 아이스크림 가게의 판매대, 계산대를 사용하여 유아들이 생선가게놀이를 할 수 있도록 제안함. 유아들이 아이스크림 가게 간판을 떼고 생선가게 간판을 만들어 붙이고 싶다고 표현함

교사는 이를 반영하여 6월 5주~7월 1주의
주간교육계획을 작성했음

<table>
<tr><td>주 제</td><td colspan="2">[유아] 나 ⟶ / 병아리반 친구 ⟶ 즐거운 유치원 생선가게 [교사] ⟵ 또래관계 / ⟵ 여름철 날씨 / ⟵ 감염병 예방</td><td>누리과정 영역 및 내용</td><td>[신] 신체운동 · 건강
[의] 의사소통
[사] 사회관계
[예] 예술경험
[자] 자연탐구</td><td>1 신체활동 즐기기
1 듣기와 말하기
2 더불어 생활하기
2 창의적으로 표현하기
2 생활속에서 탐구하기</td><td>목 표</td><td>여러 가지 신체활동을 통해 신체 조절력을 기ᄅ
다른 사람의 이야기를 바른 태도로 듣고 적절ᄒ
함께 지내는 친구와 사이좋게 지내는 방법을 ᄋ
노래, 율동, 동극 등 여러 예술 표현에 즐겁게 ᄎ
간단한 도구에 관심을 갖고 사용한다.</td></tr>
</table>

<table>
<tr><th colspan="2">활동 \ 요일/날짜</th><th>월(29일)</th><th>화(30일)</th><th>수(7/1일)</th><th>목(2일)</th><th>금(3일)</th></tr>
<tr><td colspan="2" rowspan="3">자유놀이</td><td colspan="5">[놀이]
–지난주, 역할놀이의 아이스크림 가게 소품과 상상놀이영역에 있는 낚시놀이 소품인 생선을 이용하여 사고파는 놀이를 즐기는 모습을 보임. 아이스크림 가게를 생선가게로 변경하여 놀이하고 싶어하는 유아들이 많았음. 이에 지난주 금요일, 교사와 함께 이야기를 나누고 간판을 만들어 보기로 하였음. 추가로 어떤 소품들이 필요한지 함께 이야기를 나누고 생선가게놀이가 활성화될 수 있도록 지원할 것임
–분반 수업이 계속되다 보니 그 안에서 함께 놀이해 본 경험이 있는 어린이들끼리만 놀이하는 경향을 보임. 이번 주부터는 분반 구성이 바뀌어 더욱 많은 친구와 함께 지내게 되는데, 새롭게 만나는 친구들과도 관심을 가지고 어울려 놀이할 수 있도록 지원할 것임
–생선가게놀이에 참여하고 싶어하는 유아들이 많아져 소품의 개수가 부족하게 되었음. 이에 유아들과 함께 이야기를 나누고, 그중 유아들이 교사와 함께 챙길 수 있는 것은 놀이 시간을 통해 마련함. 또한 생선가게 자리가 비좁아 아이스크림 가게를 완전히 정리하고 그 자리에 확장함</td></tr>
<tr><td colspan="5">[실내환경]
• 쌓기놀이: 블록(종이벽돌블록, 집짓기블록, 코코블록, 메가블록 등), 소품(자동차, 비행기 등), 대근육 기구(무당벌레 매트, 그네) 활용하여 놀이하기
• 역할놀이: 생선가게 용품(생선모형, 불판, 계산대, 바구니 등) 조리도구(수저, 집게 등) 등 여러 가지 소품 활용하여 놀이하기
• 언어: 듣기/말하기/읽기(그림책 『야호 수박』 『무지개 물고기』 『고양이와 생선』 『초밥이 빙글빙글』 등)
• 수 • 조작놀이: 퍼즐(나무퍼즐(4조각, 6조각, 15조각)), 도형에 맞게 끼우기, 그룹게임(메모리카드, 연못 건너기 등), 자석 놀잇감(과일, 동물 모형) 등 놀이하기
• 과학: 자석(손잡이자석, 판자석 등), 자석에 붙는 재료, 자석에 붙지 않는 재료, 낚시놀이(자석 낚싯대, 물고기 등) 성질 탐색하고 놀이하기
• 미술: 도화지, 채색도구(도트물감, 크레파스, 색연필, 노마르지사인펜 등), 꾸미기재료(스팽글, 지끈, 모루, 빵끈, 수수깡 등), 재활용품 활용하여 표현하기
• 음률: 악기(드럼, 우드실로폰, 레인스틱, 캐스터네츠, 귀로, 막대탬버린, 쉐이커 등) 소리 탐색하고 연주하기</td></tr>
<tr><td colspan="5">[실외환경]
• 만 3세 종합놀이터: 미끄럼틀 타기, 계단 오르기, 과일발 오르기, 원통 통과하기, 그물다리 건너기 등
• 대근육기구: 그네타기, 네스팅브릿지 오르내리기 등 • 정자: 휴식하기, 그림책 보기
• 모래놀이터: 모래놀이도구(여러 가지 크기의 삽, 그릇, 체, 물뿌리개, 자동차 등), 자연물(꽃, 씨앗, 나뭇잎, 열매 등) 활용하여 놀이하기 등</td></tr>
<tr><td rowspan="7">대 · 소 집 단 활 동</td><td>이야기 나누기</td><td colspan="5">• 대기에 의한 질병 예방 교육 (자외선, 오존)</td></tr>
<tr><td>동화 · 동극 · 동시</td><td></td><td>• 가게놀이에 필요한 것들</td><td>• 내 마음은 변신로봇(PPT동화)</td><td>• 참 좋은 말(그림동화)</td><td>• 미안해(PPT동화)</td></tr>
<tr><td>미 술</td><td></td><td>• 생선가게 간판 만들기(공동)</td><td></td><td></td><td></td></tr>
<tr><td>음 악</td><td colspan="5"></td></tr>
<tr><td>율동 · 신체활동</td><td colspan="5">• 지그재그 달리기(마당)</td></tr>
<tr><td>게 임</td><td colspan="5"></td></tr>
<tr><td>전이 · 주의집중</td><td colspan="4">• 표정 보고 기분 알아맞히기</td><td><s>• 수수께끼 맞히기</s>
• 생선 모형 패턴 맞히기</td></tr>
<tr><td colspan="2">간 식</td><td>• 가래떡1/2, 조청, 우유</td><td>• 닭영양죽</td><td>• 미니크로와상1, 우유</td><td>• 유기농호상요구르트, 현미스낵</td><td>• 단호박찜1/2, 우유</td></tr>
<tr><td colspan="2">급 식</td><td>• 찰현미밥, 느타리버섯양파국, 돈육찹스테이크, 검은콩조림, 깍두기/수박</td><td>• 찰기장밥, 연두부달걀탕, 오삼불고기, 상추무침, 배추김치/방울토마토</td><td>• 베이컨김치볶음밥, 두부미소국, 뿌리채소튀김, 깍두기/파인애플</td><td>• 귀리밥, 바지락살미역국, 치즈떡닭갈비, 오이사과무침, 알타리김치/포도</td><td>• 찰기장밥, 콩나물국, 소고기잡채, 아몬드멸치조림, 열무김치, 김부각/방울토마토</td></tr>
<tr><td colspan="2">귀가지도</td><td></td><td></td><td>• 마당놀이 시 사용할 모자, 선크림 등 가지고 오기</td><td></td><td>• 마스크 올바르게 착용하기
• 귀가 후 깨끗이 씻고 휴식하기</td></tr>
<tr><td colspan="2">교육행사 · 학사일정</td><td>• 생선가게놀이 소개하기</td><td>• 우리가 함께 만든 생선가게 간판 소개하기</td><td>※A모둠 등교수업일(B모둠 원격수업)
※교육실습(수업보조)</td><td>※B모둠 등교수업일(A모둠 원격수업)
※교육실습(수업보조)</td><td>※A모둠 등교수업일(B모둠 원격수업)
※교육실습(수업보조)</td></tr>
</table>

교사는 교육과정 실행 과정 중 보여지는
양상을 즉각 반영하여 주간교육계획을 수정함

■ 교사가 수정한 사항

[6월 5주~7월 1주]

- 생각보다 많은 유아들이 생선가게놀이에 관심을 보이고 참여하고 싶어하였음. 그러나 놀이 방법을 잘 몰라 참여하지 못하고 주변을 배회하는 유아들을 관찰하였음. 이에 교사는 생선가게놀이에 대해 소개하는 이야기 나누기를 실시하여 유아들에게 놀이를 공유하고자 하였음
- 많은 유아들이 참여하게 되어 소품이 부족하였음. 이에 교사는 가게놀이에 필요한 것들에 대해 유아들과 이야기를 나누고, 그중 유아가 교사와 함께 준비에 참여할 수 있는 것들은 놀이시간에 함께 하고자 함. 또한 교사가 준비해 줄 수 있는 소품들을 마련하여 역할놀이영역에 비치한 후 [실내환경] 란에 추가로 서술함

교육과정 실행과 함께 수정된 주간교육계획안의 예

교사가 수정한 사항

학 급 명	병아리반 (만 3세)	날 짜	2020년 7월 2일 목요일	수업일수	27/162일
일 일 시 간 표	~9:00 등원 및 실내자유놀이 (9:30~) 간식 '유기농호상요구르트, 현미스낵' 10:20~ 정리정돈 및 화장실 다녀오기 10:30~ 신체활동 '지그재그 달리기'(마당) 10:45~ 실외자유놀이 11:30~ 정리정돈 및 화장실 다녀오기 11:40~ 점심식사 13:00~ PPT동화 '내 마음은 변신로봇' 13:10~ 평가 및 귀가지도		〈변경된 시간표〉 ~9:00 등원 및 실내자유놀이 (9:40~) 간식 11:20~ 정리정돈 및 화장실 다녀오기 11:30~ 신체활동 '지그재그 달리기' (유희실) 11:40~ 점심식사 (이후 동일함) * 미세먼지 농도가 높아 실외자유놀이를 실시하지 못하였음. 이에 실내자유놀이 시간을 길게 갖고 유아들이 교사와 함께 생선가게놀이를 위한 준비물을 챙기는 시간을 가짐		

시 간	활동명/활동 (목표 및) 내용	준비물 및 유의점
~9:00	◎ 등원 및 실내자유놀이 • 등원 및 인사나누기	*등원 시 체온 측정을 통해 유아 건강상태 확인 • 손소독제, 체온계 * 생선가게놀이에 필요한 소품(바구니, 진열대용 할로우블럭)을 원하는 유아들이 교사와 함께 유희실에 가서 가지고 오도록 함
	• 실내자유놀이 하기	
(9:30~)	◎ 간식 '유기농호상요구르트, 현미스낵' • 손씻기 • 기도하고 간식 먹기 • 정리하기	– 간식차 가져오기 및 손씻기 지도: ○○○교사, ○○○보조교사 – 간식 준비 및 지도: ○○○교사
10:20~	◎ 정리정돈 및 화장실 다녀오기	– 정리신호: 오원정 교사
10:30~	[신 1–2] 신체 각 부분의 움직임을 조절한다. ◎ 신체활동 '지그재그 달리기'(마당) • 자리정돈 및 주의집중: 선생님의 동작 따라하기 • 활동 소개하기 • 교사와 유아의 시범 보기 • 1차 활동하기 • 평가하기 • 2차 활동하기	• 아스코콘 5개 * 미세먼지로 실외자유놀이를 실시하지 못함. 실내자유놀이 시간을 길게 가졌으며 신체활동은 유희실에서 11:30부터 실시함

- 미세먼지 농도가 높아 당일 계획했던 실외자유놀이를 실시하지 못함
- 이에 교사는 유아들이 생선가게놀이에 대한 흥미가 높은 것을 감안, 놀이가 좀 더 심화·확장·활성화될 수 있도록 지원하기로 함. 이에 실내자유놀이를 길게 실시하여 생선가게놀이의 소품을 유아와 교사가 함께 준비할 수 있도록 일일계획을 변경하고 기록함
- 수정된 시간표를 기록해 둠

▶ 위의 예시들을 살펴보면 교사들은 학급의 유아들이 들려주는 다양한 소리들을 통해 앞으로 일어날 교육과정에 대해 어느정도 예상하고 계획하지만, 실제 유아들과 함께 교육과정을 실행하면서 즉각적으로 유아의 의견과 반응을 민첩하고 유연하게 반영하고 있는 것을 볼 수 있음. 이런 의미에서 놀이, 배움, 가르침의 통합을 위한 교육과정은 '만들어가는 교육과정' 이라고 할 수 있음.

▶ 교사는 유아의 자유놀이를 기반으로 교육함. 이는 단순히 유아의 놀이가 놀이로서 끝나는 것이 아닌 놀이를 통해 배움과 학습이 일어날 수 있도록 하는 데 궁극적인 목적이 있음. 교사는 교육과정 속에서 유아의 놀이가 활성화될 수 있도록 지원함과 동시에 이를 통해 교사의 유아교육적 목표를 달성할 수 있도록 계획을 세워야 함. 교사는 교육과정 운영에 주도권을 가지고 있어야 하며, 유아는 자유놀이를 통해 자신의 흥미와 역량이 충분히 반영될 수 있어야 함.

▶ 즉, 놀이, 배움, 가르침의 통합을 위한 교육에서 교육과정과 계획은 교사와 유아의 목소리를 함께 담고 있어야 함.

2) 교육과정 실행 양상에 따른 계획안의 변화

① 시기에 따른 계획안의 변화

- 교육과정 안에서 유아의 자유놀이와 교사의 교육적 지원 정도 및 양상은 학기 초, 중반, 학기 말 등 시기에 따라 조금씩 그 정도에 차이를 보임.
- 학기 초, 유아들은 새로운 환경과 친구, 선생님에 적응하고자 노력함. 낯선 환경에 익숙해지기 위해 적극적으로 탐색이 일어나는 시기임. 학급 내에서 유아 다수를 아우르는 공통 놀이 주제가 심화, 확장되기보다는 놀이에서 개인성이 두드러지게 나타남. 즉 유아들이 가지고 있는 개인적 관심사를 토대로 놀이가 매우 다양하게, 산발적으로 나타남. 이때에는 유아들이 적응과 동시에 주도성을 높이고 자유놀이가 활성화될 수 있도록 유치원 생활 적응과 안정을 위해 교사의 적극적 지도가 필요한 시기임.
- 학기가 지속되면서 유아들은 점차 또래관계를 형성하게 되고, 공통의 관심사를 가지게 됨. 그러면서 학급 내에서 유아들이 공유하는 놀이의 주제도 생겨나게 되며, 놀이에서 높은 주도성을 가지고 서로 협력, 논의하며 놀이를 이끌어나가게 됨. 이때 교사는 관찰을 통해 유아들의 놀이가 활성화될 수 있도록 지원하는 역할을 담당하게 됨.
- 그러므로 학기 초와 중반, 학기 말 등 시기에 따라 교육과정 안에서 보여지는 교사와 유아의 주도 양상은 차이가 있으며, 다음과 같이 계획안상으로도 그 차이가 드러남.

가 주제

- ①의 경우 학기 초 교사가 주도적으로 '즐거운 유치원'이라는 주제를 가지고 유아의 적응을 지원하기 위한 방향으로 계획함
- ②에서는 유아의 '친구', '함께하는 놀이(팽이놀이)'에 대한 발현적 흥미를 반영하여 '우리'라는 주제를 전개함. 주제 형성에 유아가 적극적인 역할을 하며, 교사는 유아의 놀이와 주제를 통해 유아교육적 목표를 달성하고자 '또래관계', '만 5세 역량' 등의 측면에서 교육적 지원을 하고자 계획함

나 자유놀이

- ① 에서는 아직 학급 유아들의 특성이나 관심사를 완전히 파악하지 못한 상태이므로 교사가 유아들을 위해 연령에 적합한 일반적인 놀잇감을 준비해 줌. ②에서는 유아들이 친구에 관심을 가지고 함께 하는 놀이 중 팽이놀이에 많은 흥미를 보이고 있어 교사는 팽이를 만들 수 있는 블록이나 재료를 준비해 주었음. 또한 유아들이 직접 팽이놀이에 활용할 수 있는 놀잇감을 찾아보거나, 팽이놀이를 함께 할 수 있는 공간을 구성하는 등 유아들이 주도적으로 환경구성을 하도록 지원함

다 대소집단활동

- ① 에서는 교사가 '즐거운 유치원' 주제 안에서 유치원 시설 및 생활에 대한 안내 교육 활동을 다수 계획함
- ② 에서는 유아들의 자유놀이 활성화를 지원하기 위해 필요한 활동을 다양하게 계획함. 팽이놀이에 참여하는 유아들이 점차 많아지면서 놀이 상황에 대하여 학급 전체 유아들과 공유할 필요성을 느낌. 놀이할 때 빈번히 발생하는 문제상황에 대해 이야기를 나누고 이를 해결하기 위한 방안들을 함께 공유하고자 이야기 나누기 '팽이놀이를 위해 필요한 것들'을 계획함. 또한 교사는 이러한 상황을 통해 유아들의 또래관계와 타인에 대한 이해, 사회적 기술을 지원하고자 동화 '친구란 어떤 사람일까', 게임 '짝과 함께 공 나르기'등을 계획함

[학기 초] 주간교육계획안

1

만 5세 무궁화반 주간교육계획안 2020학년도 5월 5주	7살 반이 되어 새로운 학급의 선생님 및 친구들, 학급 환경에 적응하며 친밀감을 형성하도록 본 주제를 계획함. 그 안에서 유아들이 '성장'의 의미를 알고 그에 따라 어떠한 태도를 지녀야 하는지에 대해 스스로 생각 지원하고자 함. 더불어 유아 스스로 놀이를 계획 · 실행 · 평가하면서 자율성과 독립심을 기르고 유치원 생활을 주도적으로 할 수 있도록 지도할 것임 한편 개학이 늦어져 신입, 재원 유아 모두 충분한 적응기간을 가지고자 함. 이와 더불어 아직 코로나19 상황이 완전히 안정되지 않았으므로 학기 초 개별 유아의 적응뿐 아니라 위생 관련 지도를 보다 철저히 하고자 함

가

주 제	[유아] 즐거운 유치원	[교사] ←── 학기 초 적응	누리과정 영역 및 내용	[신] 신체운동 · 건강 [의] 의사소통 [사] 사회관계 [예] 예술경험 [자] 자연탐구	1 신체활동 즐기기 1 듣기와 말하기 2 더불어 생활하기 2 창의적으로 표현하기 1 탐구과정 즐기기	목 표	하루 일과에 즐겁게 참여하며 건강하게 지내는 생활 습관을 기른다. 다른 사람의 이야기를 끝까지 주의 깊게 듣는 태도를 기른다. 선생님, 친구들과 화목하게 지내는 사회적 기술을 익힌다. 다양한 미술 재료와 도구를 활용하여 자신의 생각과 느낌을 표현한다. 주변 사물과 환경에 대해 지속적으로 호기심을 갖고 탐구하며 이해한다.

나 · 다

활동 \ 요일/날짜	월(25일)	화(26일)	수(27일)	목(28일)	금(29일)	평가
자유놀이	[놀이] –재원생이 더 많으므로 2019학년도 만 4세 교육과정을 참고하여 유아들의 자유놀이를 지원하기 위한 환경을 준비함. 유아들의 발달, 성향, 흥미 등을 지속적으로 관찰하며 적응 및 놀이를 지원할 것임 –유아들의 놀이를 관찰하고 놀이에 필요한 공간과 준비물에 대해 함께 이야기를 나누며 추가, 수정할 것임 [실내환경] • 쌓기놀이: 블록(종이벽돌블록, 유니트블록, 레고블록, 와플블록, 건축물블록 등), 소품 등으로 구성물 만들어 놀이하기 • 역할놀이: 조리도구(프라이팬, 집게 등), 음식모형(고기류, 야채류, 빵류 등), 식기(컵, 그릇 등)을 활용한 놀이상황 설정하여 역할에 맞게 놀이하기 • 언어: 듣기/말하기/읽기(그림책 『달라도 친구』 『웃음은 힘이 세다』 『용기모자』 등), 쓰기(필기도구, 글자자석블록 등) 놀이하기 • 수 • 조작놀이: 그룹게임교구(수 셈하여 열매 모으기, 물건 올려 균형 맞추기 등), 입체퍼즐, 종이퍼즐 등으로 놀이하기 • 과학: 돋보기를 사용하여 거북이 관찰하기(관련 책을 통해 거북이의 특성 탐구하기, 관찰내용 글과 그림으로 기록하기 등) • 미술: 지류(도화지, 크래프트지, 색상지, 색종이 등), 채색도구(물감, 세필색연필, 파스텔, 크레용 등), 재활용품 등 활용하여 표현하기 • 음률: 악기(트라이앵글, 돌림실로폰, 카바사, 캐스터네츠, 코끼리코, 마라카스 등) 소리 탐색하고 연주하기 및 감상하기					
	[실외환경] • 만 4 • 5세 종합놀이터: 미끄럼틀 타기, 줄잡고 오르기, 암벽 등반하기, 터널 기어서 통과하기, 그물다리 • 흔들다리 건너기 등 • 대근육기구: 그네타기, 네스팅브릿지 오르내리기, 유니바 뛰어넘기 등 • 정자: 휴식하기, 그림책 보기 • 모래놀이터: 모래놀이도구(여러 가지 크기의 삽, 그릇, 체, 물뿌리개, 자동차 등), 자연물(꽃, 씨앗, 나뭇잎, 열매 등) 활용하여 놀이하기 등					
대·소집단활동 이야기 나누기			• 인사 나누기 • 코로나19 예방수칙	• 코로나19 대응 위생교육 • 유치원 시설 안내(신입원아)	• 점심 먹는 방법 및 시간 안내	
동화 · 동극 · 동시			• 무지개 물고기(그림동화)		• BIG, 큰다는 건(실물화상기동화)	
미 술				• 우리 반의 상징: 무궁화		
음 악						
율동 · 신체활동					• 네스팅브릿지 건넌 후 달려가 점프하기(신체활동)	
게 임						
전이 · 주의집중			• 반 수수께끼 맞히기	• 친구 이름 수수께끼 맞히기	• 간단한 수 세하기	
간 식			• 찐고구마1/2, 우유	• 증편2, 우유	• 안흥찐빵1, 우유	
급 식			• 잡곡밥, 조랭이떡국, 치킨너겟, 시금치나물, 김치/사과	• 발아현미밥, 감잣국, 훈제오리고기, 상추쌈, 쌈장, 콩나물무침, 알타리김치/참외	• 찰기장밥, 콩나물국, 소불고기, 진미채무침, 나박김치/바나나	
귀가지도			• 일과 회상하기 • 가정통신문 가지고 가기 • 선생님께 바르게 인사드리기	• 귀가 방법 회상하기 • 귀가 후에도 개인위생 철저히 지키기	• 대문에서 안전하게 귀가하기 • 주말 동안 건강하고 즐겁게 지내기	
교육행사 · 학사일정			※1학기 개학일			

[학기 중반] 주간교육계획안

2

만 5세 무궁화반 주간교육계획안 2020학년도 10월 5주	지난주 몇몇 유아들 간 새로운 교우관계 형성을 관찰할 수 있었음. 개인별 선호하는 놀이를 통해, 친밀해진 친구를 통해 학급 내 다른 유아들과도 점차적으로 교류하는 빈도가 높아지고 있음. 다만 이와 같이 확장되 에서 나의 마음을 다른 친구에게 적절한 말과 행동으로 표현하는 데 어려움을 겪어 유아 간 서로 오해가 발생하기도 했음. 또는 가까워진 관계 안에서 편한 나머지 다른 친구의 마음을 헤아리지 못해 속상해하는 일 기 초부터 놀이와 교육활동을 통해 지속적으로 안내했던 것들로 유아들이 스스로 알고 있는 것들을 실천하는 태도를 기를 수 있도록 나아가 유아들이 관계 속에서 배려하는 경험을 가질 수 있도록 지원하고자 함 ※10/11부로 사회적 거리두기가 1단계로 하향 조정되고 수도권 지역 초등 1학년 전일 등교에 따라 본원도 10/19(월)부터 전체 등교를 실시함. 원격수업은 별도로 실시하지 않음

가

주 제	[유아] 친구 ──→ / 함께하는 놀이(팽이놀이) ──→	우리	[교사] ←── 또래관계 / ←── 만 5세 역량	누리과정 영역 및 내용	[신] 신체운동 · 건강 [의] 의사소통 [사] 사회관계 [예] 예술경험 [자] 자연탐구	1 신체활동 즐기기 1 듣기와 말하기 2 더불어 생활하기 1 아름다움 찾아보기 3 자연과 더불어 살기	목 표	신체 각 부분을 협응하여 움직임을 조절하는 능력을 기른다. 자신의 경험과 생각을 적절한 낱말과 문장으로 말하는 능력을 함양한다. 친구와의 갈등을 긍정적인 방법으로 해결하는 태도를 기른다. 자연과 생활에서 아름다움을 느끼고 즐기는 태도를 형성한다. 날씨에 따른 자연의 변화에 관심을 갖고 탐구하기를 즐긴다.

나 · 다

활동 \ 요일/날짜	월(26일)	화(27일)	수(28일)	목(29일)	금(30일)	평가
자유놀이	[놀이] –지난주에 이어 실내자유놀이 시간에 유아들이 한지 위에 먹물, 먹뿐 아니라 붓펜과 물감을 사용하여 여러 종류의 자연물을 그려보았음. 특히 무궁화반의 넓은 창문을 통해, 가을이 되어 변화하는 나뭇잎의 색에 관심을 갖고 이를 표현하는 유아들도 있었음. 초반에는 몇몇 유아들만 참여했지만, 점차 다수의 유아들이 이에 관심을 보이며 무궁화반의 창문을 유아들이 표현한 나뭇잎으로 붙이는 모습들도 관찰되었음. 이와 같이 유아들이 흥미를 갖는 놀이를 바탕으로 친구와 함께 협력하는 경험을 할 수 있도록 공동의 작품으로 구성해 보고자 함 –지난주부터 전체 등원을 실시하며 학기 초부터 다수의 유아들이 즐겨했던 레고 팽이놀이가 활성화되고 있음. 다만 이전보다 다수의 유아들이 함께 놀이하면서 그 안에서 다음과 같은 갈등상황들이 빈번하게 관찰되었으며, 유아들 간 서로 의논하여 문제를 해결해 나가는 모습을 보이고 있음(예: 더 이상 사용할 수 있는 레고가 부족해짐 → 미술영역의 색종이를 사용하여 종이 팽이 만들기/유아마다 알고 있는 팽이 놀이의 규칙이 다름 → 놀이 전 공동의 규칙을 정해 화이트보드에 적어놓기). 현재 만 5세 학급에서 지속적으로 지원하고자 하는 '우리'의 주제와 관련하여 유아들이 함께하는 경험을 통해 서로 협력하여 공동의 문제를 해결해 나가는 능력을 신장할 수 있도록 지원할 것임 [실내환경] • 쌓기놀이: 블록(레고블록, 와플블록, 버그토이 등)으로 다양한 모양의 팽이 구성하기 • 언어: 듣기/말하기/읽기(그림책 『낙엽이 춤을 춰요』 『황금팽이』 『문제로 무엇을 할 수 있을까』 등), 쓰기(필기도구, 사전 등) 놀이하기, 그림사전 만들기 • 과학: 팽이 돌리기 실험하기(어떤 모양의 팽이가 가장 오래 도는지 살펴보기) • 미술: 색종이, 재활용품을 사용하여 팽이 만들기 * 팽이놀이에 활용할 수 있는 놀잇감을 유아들과 함께 찾아보고 교구 준비하기 * 팽이를 돌릴 수 있는 공간을 마련하기(유아들과 어떤 영역을 정리하고 팽이장을 만들 수 있는지 이야기 나누고 유아들이 직접 영역을 바꿔보기					
	[실외환경] • 만 4 · 5세 종합놀이터: 미끄럼틀 타기, 줄잡고 오르기, 암벽 등반하기, 터널 기어서 통과하기, 그물다리 · 흔들다리 건너기 등 • 대근육기구: 그네타기, 네스팅브릿지 오르내리기, 유니바 뛰어넘기 등 • 정자: 휴식하기, 그림책 보기 • 모래놀이터: 모래놀이도구(여러 가지 크기의 삽, 그릇, 체, 물뿌리개, 자동차 등), 자연물(꽃, 씨앗, 나뭇잎, 열매 등) 활용하여 놀이하기 등					
대·소집단활동 이야기 나누기	• 5분 교통안전교육 • 무궁화반의 가을 풍경 창문	• 무궁화반의 팽이놀이		• 팽이놀이를 위해 필요한 것들		
동화 · 동극 · 동시			• 친구란 어떤 사람일까?(실물화상기동화)		• 예수님과 삭개오(성경동화)	
미 술		• 무궁화반의 가을 풍경 창문 꾸미기 (소, 3집단)				
음 악			• 함께 노래 한다면(새노래)			
율동 · 신체활동	• 오 수재너①(율동)			• 오 수재너②(율동)		
게 임					• 짝과 함께 공 나르기	
전이 · 주의집중	• 스무고개	• 10까지의 수 셈하기	• 끝말잇기	• 배운 노래 부르기	• 초성보고 단어 맞추기	
간 식	• 플레인요거트, 블루베리5	• 찐고구마1/2, 우유	• 쑥경단2, 우유	• 감자크림스프, 모닝빵1	• 약과2, 우유	
급 식	• 찰수수밥, 미역된장국, 닭갈비, 깻잎나물, 배추김치/귤	• 팥찰밥, 유부시금치국, 생선까스, 타르타르소스, 시금치나물, 깍두기/단감	• 곤드레단호박밥, 양념장, 팽이실파국, LA갈비구이, 다시마튀각, 배추김치/사과	• 찰현미밥, 소고기배춧국, 삼색달걀말이, 진미채무침, 열무김치, 김구이/파인애플	• 귀리밥, 참치김치찌개, 닭다리살데리야끼구이, 미역줄기볶음, 알타리김치/귤	
귀가지도	• 일과 회상하기 • 겉옷 바르게 정리하기	• 일과 평가하기 • 충분히 물 마시기	• 일과 회상하기 • 실내화 가지런히 정리하기	• 일과 평가하기 • 귀가 후 몸 깨끗이 씻고 푹 쉬기	• 개인작품 가져가기 • 주말 즐겁고 건강하게 보내기 • 실내화 가져가기	
교육행사 · 학사일정			※1학기 개학일			

② 연령에 따른 계획안의 변화

- 교육과정 구현 시기에 따라서 계획안 안에서의 주제, 자유놀이, 대소집단활동이 다르게 나타나는 것처럼 연령에 따른 차이도 존재함.
- 만 3세의 경우, 발달 특성상 주변과 놀잇감에 대한 탐색이 많이 이루어지며, 혼자놀이와 병행놀이 양상이 많이 나타남. 관계를 증진시키는 기술과 놀이방법을 배워가는 시기로 놀이를 지원, 지도하는 교사의 역할이 적극적임. 기초적인 신체운동능력이 발달하는 시기로 대근육 운동놀이를 좋아하기 때문에 관련된 주제가 발현되기도 하며, 사물이나 신체의 탐색과 관련된 놀이 주제가 나타나기도 함. 또한 다양한 주제가 동시에 발현되기도 함.
- 만 5세의 경우 3~4세에 비해 놀이 역량이 질적으로 발전, 확장되어 있음. 또한 자발적으로 놀이에 대한 아이디어를 제공하고 창의적으로 시도하며, 조직적인 모습을 보임. 또래와 함께 미리 놀이에 대한 계획을 세우고, 놀이 시 느끼는 문제나 갈등을 서로 해결하기 위해 협동하기, 돕기, 협상하기 등 사회적 기술을 활용할 수 있음. 유아들이 주도적으로 학급 내에서 한 가지 공통 주제를 가지고 긴 기간 동안 심화 · 확장해 나갈 수 있으며 때로 두 가지 주제가 합해져 또다른 하나의 주제를 만들기도 함. 교사가 계획한 주제와 유아의 발현적 흥미가 합해져서 주제를 형성하기도 함.
- 이러한 연령에 따른 차이는 계획안에서 다음과 같이 나타날 수 있음.

1

월	주	주제
8	5	여름 (8월 5주~9월 2주)
9	1	점토 (1~2주)
	2	
	3	
	4	
	5	
10	/1	힘이 센 곤충은 누구일까 파라슈트 놀이 기차와 소풍 (1~3주)
	2	
	3	
	4	가을 (9월 5주~11월 2주)
	5	
11	1	
	2	자석 (11월 2주~12월 2주)
	3	
	4	
	5	
12	/1	겨울 (11월 3주~'21년 1월 5주)
	2	
	3	
'21 1 · 2	5	형 반 진급 ('21년 1월 5주~2월 3주)
	/1	
	2	
	3	

■ 교사가 수정한 사항

[만 3세] 연간교육계획안

- '점토', '자석' 등 유아들이 관심과 흥미를 보이는 사물을 주제로 하여 탐색 위주의 놀이를 실시함
- 교사가 계획한 파라슈트 신체놀이를 한 후, 유아들이 파라슈트에 많은 흥미를 보여 '파라슈트 놀이'를 주제로 계획, 실시함. 파라슈트와 여러 가지 사물을 이용하여 물건 던지고 받기, 파라슈트 위에 물건 올려놓고 떨어지지 않게 장애물 돌아오기, 파라슈트를 프라이팬이라고 생각하고 팝콘 놀이하기, 파라슈트 속에 들어가서 몸 숨기기 등 유아들이 제시하는 다양한 놀이들을 실시함
- 10월 1~3주의 '힘이 센 곤충은 누구일까', '파라슈트 놀이', '기차와 소풍'처럼 다양한 주제들이 동시에 발현, 진행되기도 함

[만 5세] 연간교육계획안

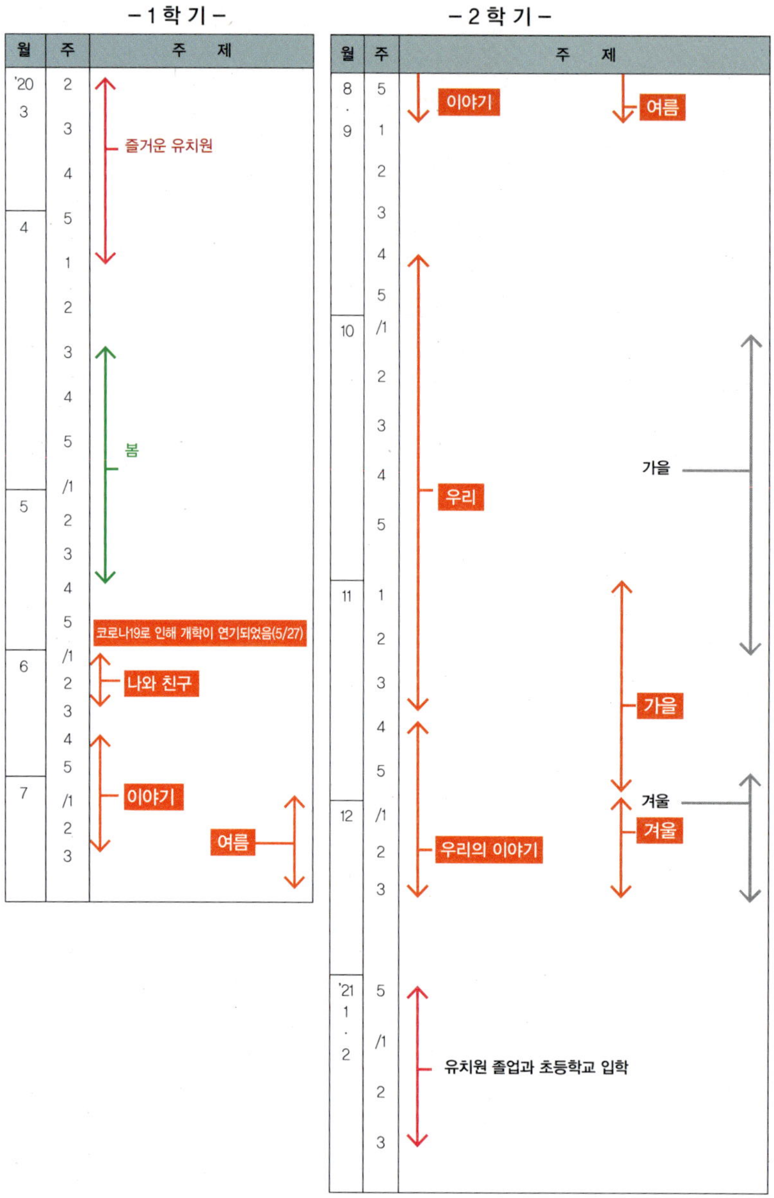

2

• 1학기의 '나와 친구' 주제는 2학기에 '우리'로 이어져 전개됨

• 9월 4주~11월 3주의 '우리'처럼 한 가지 주제가 길게 진행되면서 심화, 확장되기도 함. '우리'라는 주제는 '이야기' 주제와 더해져 '우리의 이야기'로 연계되어 12월 3주까지 길게 진행됨. 유아들의 발현적 흥미에서 비롯된 주제로 인하여 교사가 연초 계획했던 계절 주제들의 시기가 단축됨

3. 놀이, 배움, 가르침의 통합을 위한 교육과정의 평가

- 교육과정의 성공적인 수행을 위해서는 교육계획, 실행, 평가의 3단계가 유기적으로 충실하게 이루어져야 함.
- 평가에서는 유아의 자유놀이와 발현된 주제가 잘 전개되고 있는지와 교사가 계획한 교육목표가 잘 실행되었는지 여부를 확인하고 기록함.
- 교육목표 실행을 평가한다는 것은 궁극적으로 유아들에게 놀이로 배움이 일어났는지, 배움을 위해 교사가 어떠한 것을 어떻게 지원했는지, 그 배움과 지원이 유아의 발달과 성장에 어떤 의미가 있었는지를 확인하는 것이라 할 수 있음. 이러한 교육적 성찰을 바탕으로 유아의 다음 단계로의 성장을 위해 또 다시 놀이, 배움, 가르침의 계획을 세우는 근거를 마련하는 것임.
- 그러므로 교육과정에 대한 평가 내용은 다음 교육계획 시 바로 반영될 수 있도록 해야 함.

1) 교육과정 평가의 내용

- 교육과정에 대해 무엇을 평가할 것인지의 기준을 바르게 세우는 것은 바람직한 교육과정 평가를 위한 기초작업이라 할 수 있음.
- 계획에 대한 평가로 교사 자신이 수업을 잘 이끌어 나갔는지 수업 운영을 평가해두거나 그 날의 날씨와 기후가 어땠는지 등을 기술하는 것은 교육과정 평가로 의미가 있다고 볼 수 없음.
- 교육과정에 대한 평가는 다음과 같은 기준을 바탕으로 실시되어야 함.

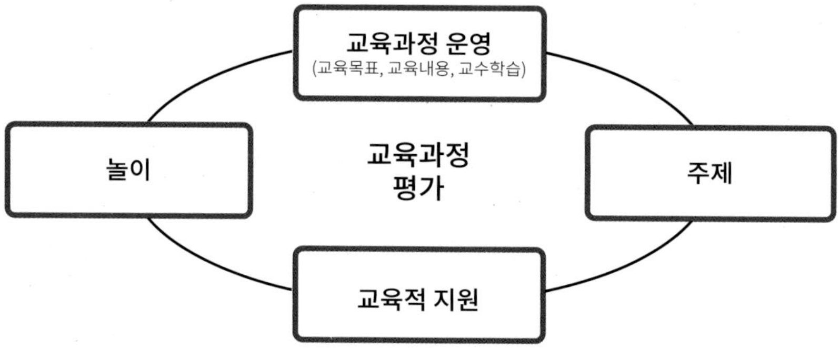

교육과정 운영

- 교육목표: 교육목표가 유아에게 적절했는가? 계획한 교육목표가 성공적으로 달성되었는가?
- 교육내용: 교육내용이 교육목표 달성에 적절했는가?
- 교수학습: 유아의 흥미와 발달에 적절한 교수학습 방법을 사용했는가? 각 교육과정의 특성에 맞는 교수전략을 사용했는가? 놀이를 기반으로 교육했는가?
- 교육과정 운영 전반: 교육과정 운영이 전반적으로 원활하게 이루어졌는가?
- 국가 수준의 교육과정을 반영하고 있는가?

놀 이

- 유아들이 충분히 즐겁게 놀이하였는가?
- 유아의 자유놀이가 활성화되었는가? 교사의 목적적 놀이로 인하여 유아의 자유놀이가 침해 받지는 않았는가?
- 소수 유아들의 놀이에 대한 지원에 소홀하지는 않았는가?

주 제

- 주제의 선정이 적절했는가?
- 주제에 유아와 교사의 목소리가 잘 반영되었는가?
- 주제의 전개와 확장이 잘 이루어지고 있는가?
- 주제를 중심으로 통합적 교육이 일어났는가?

교육적 지원

- 놀이를 통해 유아에게 필요한 교육적 지원이 원활하게 이루어졌는가?
- 교육적 지원과 교사의 교육목표가 일치하는가?
- 교사의 교육적 지원이 유아에게 바람직한 결과를 가지고 왔는가?
- 유아의 놀이가 더욱 활성화되기 위하여 교사가 행해야 할 교육적 지원은 무엇인가?
- 예상치 못하게 이루어진 교육적 지원이 있었는가? 그 결과는 어떠한가?

교육과정 평가 시 각 부분이 상호 연계되어 나타남

2) 교육과정 평가의 실제와 활용

- 교육과정 평가를 위해서 일일/주간/연간교육계획의 평가, 주제 및 교육과정 영역 평가, 환경구성 평가, 교육행사 및 현장학습 평가 등을 실시함.
- 평가 내용은 다음의 교육과정 계획을 위해 활용되거나, 유아 평가와 연계하여 활용됨.

주간교육계획의 평가와 활용의 예: 만 5세/10월 5주와 11월 1주의 주안

만 5세 무궁화반 주간교육계획안 2020학년도 10월 5주

지난주 몇몇 유아들 간 새로운 교우관계 형성을 관찰할 수 있었음. 개개인별 선호하는 놀이를 통해, 친밀해진 친구를 통해 학급 내 다른 유아들과도 점차적으로 교류하는 빈도가 높아지고 있음. 다만 이와 같이 확장되는 교우관계 안에서 나의 마음을 다른 친구에게 적절한 말과 행동으로 표현하는데 어려움을 겪어 유아 간 서로 오해가 발생하기도 했음. 또는 가까워진 관계 안에서 편한 나머지 다른 친구의 마음을 헤아리지 못해 속상해하는 일들이 있었음. 학기 초부터 놀이와 교육활동을 통해 지속적으로 안내했던 것들로 유아들이 스스로 알고 있는 것들을 실천하는 태도를 기를 수 있도록 나아가 유아들이 관계 속에서 배려하는 경험을 가질 수 있도록 지원하고자 함
※10/11부로 사회적 거리두기가 1단계로 하향 조정되고 수도권 지역 초등 1학년 전일 등교에 따라 본원도 10/19(월)부터 전체 등교를 실시함. 원격수업은 별도로 실시하지 않음

주제	[유아] 친구 — 함께하는 놀이(팽이놀이) — 우리 — [교사] 또래관계, 만 5세 역량	누리과정 영역 및 내용	[신] 신체운동 · 건강 1 신체활동 즐기기 [의] 의사소통 1 듣기와 말하기 [사] 사회관계 2 더불어 생활하기 [예] 예술경험 1 아름다움 찾아보기 [자] 자연탐구 3 자연과 더불어 살기	목표	신체 각 부분을 협응하여 움직임을 조절하는 능력을 기른다. 자신의 경험과 생각을 적절한 낱말과 문장으로 말하는 능력을 함양한다. 친구와의 갈등을 긍정적인 방법으로 해결하는 태도를 기른다. 자연과 생활에서 아름다움을 느끼고 즐기는 태도를 형성한다. 날씨에 따른 자연의 변화에 관심을 갖고 탐구하기를 즐긴다.

활동 \ 요일/날짜		월(26일)	화(27일)	수(28일)	목(29일)	금(30일)
자유놀이		[놀이] –지난주에 이어 실내자유놀이 시간에 유아들이 한지 위에 먹물, 먹뿐 아니라 붓펜과 물감을 사용하여 여러 종류의 자연물을 그려보았음. 특히 무궁화반의 넓은 창문을 통해, 가을이 되어 변화하는 나뭇잎의 색에 관심을 갖고 이를 표현하는 유아들도 있었음. 초반에는 몇몇 유아들만 참여했지만, 점차 다수의 유아들이 이에 관심을 보이며 무궁화반의 창문을 유아들이 표현한 나뭇잎으로 붙이는 모습들도 관찰되었음. 이와 같이 유아들이 흥미를 갖는 놀이를 바탕으로 친구와 함께 협력하는 경험을 할 수 있도록 공동의 작품으로 구성해보고자 함 –지난주부터 전체 등원을 실시하며 학기 초부터 다수의 유아들이 즐겨했던 레고 팽이놀이가 활성화되고 있음. 다만 이전보다 다수의 유아들이 함께 놀이하면서 그 안에서 다음과 같은 갈등상황들이 빈번하게 관찰되었으며, 유아들 간 서로 의논하여 문제를 해결해나가는 모습을 보이고 있음(예: 더 이상 사용할 수 있는 레고가 부족해짐 → 미술영역의 색종이를 사용하여 종이 팽이 만들기/유아마다 알고 있는 팽이 놀이의 규칙이 다름 → 놀이 전 공동의 규칙을 정해 화이트보드에 적어놓기). 현재 만 5세 학급에서 지속적으로 지원하고자 하는 '우리'의 주제와 관련하여 유아들이 함께하는 경험을 통해 서로 협력하여 공동의 문제를 해결해나가는 능력을 신장할 수 있도록 지원할 것임 [실내환경] • 쌓기놀이: 블록(레고블록, 와플블록, 버그토이 등)으로 다양한 모양의 팽이 구성하기 • 언어: 듣기/말하기/읽기(그림책『낙엽이 춤을 춰요』,『황금팽이』,『문제로 무엇을 할 수 있을까』등), 쓰기(필기도구, 사전 등) 놀이하기, 그림사전 만들기 • 과학: 팽이 돌리기 실험하기(어떤 모양의 팽이가 가장 오래 도는지 살펴보기) • 미술: 색종이, 재활용품을 사용하여 팽이 만들기 * 팽이놀이에 활용할 수 있는 놀잇감을 유아들과 함께 찾아보고 교구 준비하기 * 팽이를 돌릴 수 있는 공간을 마련하기(유아들과 어떤 영역을 정리하고 팽이장을 만들 수 있는지 이야기 나누고 유아들이 직접 영역을 바꿔보기) [실외환경] • 만 4 · 5세 종합놀이터: 미끄럼틀 타기, 줄잡고 오르기, 암벽 등반하기, 터널 기어서 통과하기, 그물다리 · 흔들다리 건너기 등 • 대근육기구: 그네타기, 네스팅브릿지 오르내리기, 유니바 뛰어넘기 등 • 정자: 휴식하기, 그림책 보기 • 모래놀이터: 모래놀이도구(여러 가지 크기의 삽, 그릇, 체, 물뿌리개, 자동차 등), 자연물(꽃, 씨앗, 나뭇잎, 열매 등) 활용하여 놀이하기 등				
대·소집단활동	이야기 나누기	• 5분 교통안전교육 • 무궁화반의 가을 풍경 창문	• 무궁화반의 팽이놀이	• 팽이놀이를 위해 필요한 것들		
	동화 · 동극 · 동시			• 친구란 어떤 사람일까?(실물화상기동화)		• 예수님과 삭개오(성경동화)
	미술		• 무궁화반의 가을 풍경 창문 꾸미기 (소, 3집단)			
	음악			• 함께 노래 한다면(새노래)		
	율동 · 신체활동	• 오 수재너①(율동)			• 오 수재너②(율동)	
	게임					• 짝과 함께 공 나르기
	전이 · 주의집중	• 스무고개	• 10까지의 수 세하기	• 끝말잇기	• 배운 노래 부르기	• 초성보고 단어 맞추기
간식		• 플레인요거트, 블루베리5	• 찐고구마1/2, 우유	• 북경단2, 우유	• 감자크림스프, 모닝빵1	• 약과2, 우유
급식		• 찰수수밥, 미역된장국, 닭갈비, 깻잎나물, 배추김치/귤	• 팥찰밥, 유부시금치국, 생선까스, 타르타르소스, 시금치나물, 깍두기/단감	• 곤드레단호박밥, [illegible], 팽이실파국, LA갈비구이, 다시마튀각, 배추김치/사과	• 찰현미밥, 소고기배추국, 삼색달걀말이, 진미채무침, 열무김치, 김구이/파인애플	• 귀리밥, 참치김치찌개, 닭다리살데리야끼구이, 미역줄기볶음, 알타리김치/귤
귀가지도		• 일과 회상하기 • 겉옷 바르게 정리하기	• 일과 평가하기 • 충분히 물 마시기	• 일과 회상하기 • 실내화 가지런히 정리하기	• 일과 평가하기 • 귀가 후 몸 깨끗이 씻고 푹 쉬기	• 개인작품 가져가기 • 주말 즐겁고 건강하게 보내기 • 실내화 가져가기
교육행사 · 학사일정				※1학기 개학일		

평가

'우리' 주제를 실시해오며 유아들이 함께하는 즐거움을 느낄 수 있도록 관련 교육활동을 계획하여 실시하고 있음. 이번 주의 동화, 율동, 게임 등의 교육활동도 활동의 목표를 친구와 협력하기, 친구가 나와 다른 생각을 가질 수 있음을 알고 서로의 의견을 맞추어나갈 수 있도록 하는데 목표를 두었음. 일상생활에서 유아 개개인별로 지도하고 있는 부분이지만, 전체를 대상으로 교육활동으로 진행한 점이 유아들의 생각을 듣고, 함께 실천해볼 수 있는 기회가 되어 긍정적이었음

가을 풍경 꾸미기의 경우, 분반등원으로 인해 그동안 많이 교류해보지 못한 유아들과도 어울릴 수 있도록 소집단활동으로 계획하여 실시함(표현하고 싶은 자연물의 종류에 따라 집단 나누어 실시함). 놀이를 통해서도 자연스럽게 친구를 알아가지만, 현재 무궁화반에는 유아의 성향에 따라 학급 친구들에 보다 적응의 시간이 필요한 유아들이 있음. 앞으로도 소집단활동을 통해 교우관계를 지원하고자 함

더불어, 소집단활동을 하여 무궁화반 창문의 어느 곳에, 어떤 배치로 붙이고 싶은지 등 유아들의 의견이 있어 다음 주 함께 관련 이야기를 나누어 유아들이 학급의 환경구성에도 주도적으로 참여할 수 있도록 하고자 함

색종이로 팽이를 만들어 놀이하면서 평소 레고 놀이에 많이 참여하지 않았던 여아들도 조금씩 관심을 보임. 여아들의 색종이 팽이 놀이는 주로 친구와 이기고 지는 경기를 하기보다는, 원하는 색의 색종이를 조합하여 만들고, 팽이를 돌리는 과정에 더욱 흥미를 보이고 있음. 특히 팽이를 돌릴 때 나타나는 색의 변화에 흥미를 보이고 있는데 (예: 노랑색과 빨강색 색종이를 사용하여 주황색이 나타남을 관찰함) 현재 미술영역과 과학영역에서 이루어지는 색의 혼합을 활용한 놀이와도 관련지어 지원방향에 대해 생각해보고자 함

무궁화반의 팽이놀이를 위해 필요한 것들로 팽이놀이를 할 수 있는 고정된 공간이 더 넓어야 함을 이야기한 유아들이 많았음(*6월 29일 일안평가 참고) 다음 주 유아들이 팽이 경기장 영역을 좀 더 확장해볼 수 있도록 하여 놀이의 활성화를 지원하고자 함

교사는 유아의 발현적 흥미에서 비롯된 '우리'라는 주제를 통해 유아들이 또래관계 증진을 위한 역량을 기르고 사회적 기술을 발달하는 것을 교육목표로 설정함. 목표는 주제의 시작부터 마무리시기 진까지 달성할 수 있도록 계획을 세웠음. 이에 교사 자신의 교육목표와 교육적 지원이 어떻게 이루어지고 있는지, 목표 달성을 위해 또 어떤 계획이 필요한지 적어 둠

• '우리' 주제를 실시해 오며 유아들이 함께하는 즐거움을 느낄 수 있도록 관련 교육활동을 계획하여 실시하고 있음. 이번 주의 동화, 율동, 게임 등의 교육활동도 활동의 목표를 친구와 협력하기, 친구가 나와 다른 생각을 가질 수 있음을 알고 서로의 의견을 맞추어 나갈 수 있도록 하는 데 목표를 두었음. 일상생활에서 유아 개개인별로 지도하고 있는 부분이지만, 전체를 대상으로 교육활동을 진행한 점이 유아들의 생각을 듣고, 함께 실천해 볼 수 있는 기회가 되어 긍정적이었음

(중 략)

• 색종이로 팽이를 만들어 놀이하면서, 평소 레고 놀이에 많이 참여하지 않았던 여아들도 조금씩 관심을 보임. 여아들의 색종이 팽이 놀이는 주로 친구와 이기고 지는 경기를 하기보다는, 원하는 색의 색종이를 조합하여 만들고, 팽이를 돌리는 과정에 더욱 흥미를 보이고 있음. 특히 팽이를 돌릴 때 나타나는 색의 변화에 흥미를 보이고 있는데(예: 노랑색과 빨강색 색종이를 사용하여 주황색이 나타남을 관찰함) 현재 미술영역과 과학영역에서 이루어지는 색의 혼합을 활용한 놀이와도 관련지어 지원방향에 대해 생각해 보고자 함

• 무궁화반의 팽이놀이를 위해 필요한 것들로 팽이놀이를 할 수 있는 고정된 공간이 더 넓어야 함을 이야기한 유아들이 많았음(*6월 29일 일안평가 참고). 다음 주 유아들이 팽이 경기장 영역을 좀 더 확장해 볼 수 있도록 하여 놀이의 활성화를 지원하고자 함

10월 5주의 평가 내용을 11월 1주에 반영하여 주간 교육계획을 작성함. 유아들이 팽이를 통한 색 혼합에 흥미를 보이고 있으므로 미술영역과 과학영역에서 색 혼합 놀이가 이루어질 수 있도록 준비하고, 관련 대소집단활동을 계획함

10월 5주에 팽이돌리기 놀이를 위한 공간을 유아들이 구성했음에도 불구하고 공간이 비좁아 갈등이 생기자, 11월 1주에는 이를 해결하기 위하여 자유놀이시간에 영역 확장을 위한 계획을 세워 둠

만 5세 무궁화반 주간교육계획안 2020학년도 11월 1주

지난주에 이어 유아들 간 새로운 교우관계 형성을 관찰할 수 있었음. 현재 교실에서 활성화되어 있는 팽이놀이를 통해 학급 유아 간 교류가 더욱 활발해짐. 그러므로 유아의 교우관계와 사회적 기술 · 역량 증진을 지[illegible] 수 있도록 지속적으로 지도하고자 함. 유아들이 놀이 속에서 서로 이해하고 배려하는 경험을 가질 수 있도록 지원하고자 함
※10/11부로 사회적 거리두기가 1단계로 하향 조정되고 수도권 지역 초등 1학년 전일 등교에 따라 본원도 10/19(월)부터 전체 등교를 실시함. 원격수업은 별도로 실시하지 않음

주제	[유아] 친구 — 함께하는 놀이(팽이놀이) 색혼합놀이 — 우리 — [교사] 또래관계, 만 5세 역량	누리과정 영역 및 내용	[신] 신체운동 · 건강 1 신체활동 즐기기 [의] 의사소통 1 듣기와 말하기 [사] 사회관계 2 더불어 생활하기 [예] 예술경험 1 아름다움 찾아보기 [자] 자연탐구 3 자연과 더불어 살기	목표	

활동 \ 요일/날짜		월(26일)	화(27일)	수(28일)	목(29일)	금
자유놀이		[놀이] –지난주, 유아들의 팽이놀이가 계속됨에 따라 다양한 팽이를 만들어 볼 수 있도록 교구와 소품을 지원하였음. 이에 팽이놀이가 더욱 활성화되어 기존에 관심을 보이던 유아들 이외에도 많은 [illegible] 주 유아들이 과학영역에 구성했던 팽이경기장은 많은 유아가 참여하기에 비좁고, 과학영역에 새롭게 유아들이 흥미를 보이고 있는 색혼합을 실험할 수 있도록 영역을 구성할 것이므로 새로[illegible] 에 유아들과 팽이경기장의 장소와 공간에 대해 이야기를 나누고, 유아들이 자유놀이 시간에 직접 구성해볼 수 있도록 지원할 것임 –지난주 팽이를 돌리다가 팽이 위의 색들이 혼합되는 것을 보고 유아들이 색의 혼합에 대해 관심을 가짐. 이에 유아들이 다양한 실험을 해볼 수 있도록 과학영역의 교구들을 지원하며, 미술영[illegible] 려볼 수 있도록 지원할 것임 [실내환경] • 쌓기놀이: 블록(레고블록, 와플블록, 버그토이 등)으로 다양한 모양의 팽이 구성하기 • 언어: 듣기/말하기/읽기(그림책『파랑이와 노랑이』,『저마다 제 색깔』등), 쓰기(필기도구, 사전 등) 놀이하기, 그림사전 만들기 • 과학: 색의 혼합 실험하기(비커, 스포이트 등 실험도구 사용방법 알기, 물감을 이용하여 다양한 농도의 색 만들기 등) • 미술: 채색도구(먹물, 붓, 붓펜, 물감, 세필색연필, 파스텔, 크레용 등)들을 활용하여 색 혼합해보기/혼합한 색으로 그리기 * '우리가 만든 팽이경기장'의 문제점에 대해 이야기 나누고 유아들이 직접 영역을 바꿔보기 [실외환경] • 만 4 · 5세 종합놀이터: 미끄럼틀 타기, 줄잡고 오르기, 암벽 등반하기, 터널 기어서 통과하기, 그물다리 • 흔들다리 건너기 등 • 대근육기구: 그네타기, 네스팅브릿지 오르내리기, 유니바 뛰어넘기 등 • 정자: 휴식하기, 그림책 보기 • 모래놀이터: 모래놀이도구(여러 가지 크기의 삽, 그릇, 체, 물뿌리개, 자동차 등), 자연물(꽃, 씨앗, 나뭇잎, 열매 등) 활용하여 놀이하기 등				
대·소집단활동	이야기 나누기	• 색 혼합실험과 과학영역 소개	• 팽이경기장		• 코로나 예방 교육	
	동화 · 동극 · 동시	• 파랑이와 노랑이(OHP)	• 수채화물감 혼합해서 여러 가지 색 만들어 그림그리기			
	미술				• 함께 노래 한다면(새노래)	• 마블링
	음악			• 함께 노래 한다면(새노래)		
	율동 · 신체활동					
	게임					
	전이 · 주의집중	• 배운 노래 부르기	• 초성보고 단어 맞추기	• '라'로 시작하는 말	• 스무고개	• 끝말잇기
간식		• 맛밤5, 우유	• 호두과자3, 우유	• 꿀설기1, 우유	• 소고기채소죽	• 핫바1, 우유
급식		• 찰기장밥, 근대된장국, 탕수육, 파인애플소스, 노각무침, 배추김치/바나나	• 찰흑미밥, 콩가루배춧국, 오삼불고기, 미역줄기볶음, 깍두기/오렌지	• 찰현미밥, 크림스프, 함박스테이크, 양상추방울토마토샐러드, 오이소박이/수박	• 현米밥, 순두부새우젓국, 오리주물럭, 도토리묵김가루무침, 알타리김치/사과	• 찰보리밥, 설렁탕, 두부조림, 얼갈이된장무침, 배추김치/메론
귀가지도		• 일과 회상하기 • 겉옷 바르게 정리하기	• 일과 평가하기 • 장마철 안전하게 생활하는 수칙 기억하고 실천하기	• 일과 회상하기 • 어른께 인사잘하기	• 사람들이 많이 모이는 곳에는 되도록 가지 않기 • 귀가 후 깨끗이 씻고 휴식하기	• 개인작품 가져가기 • 주말 즐겁고 건강하게 보내기 • 실내화 가져가기
교육행사 · 학사일정				※1학기 개학일		

일일교육계획의 평가와 활용의 예: 만 3세 일일교육계획안과 유아 평가자료

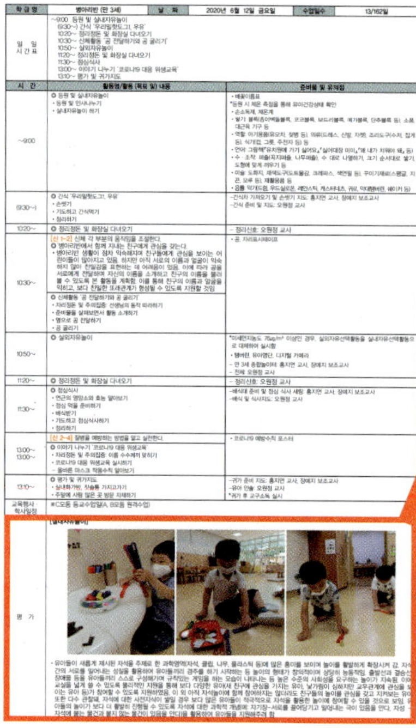

평 가	[실내자유놀이] 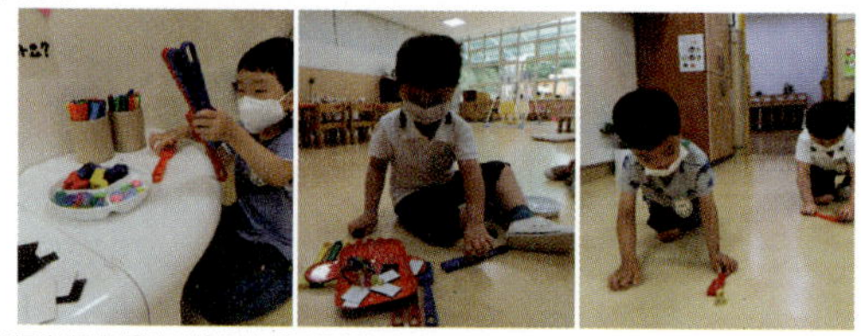 • 유아들이 새롭게 제시된 자석을 주제로 한 과학영역(자석, 클립, 나무, 플라스틱 등)에 많은 흥미를 보이며 놀이를 활발하게 확장시켜 감. 자석 간의 서로를 밀어내는 성질을 활용하여 유아들끼리 경주를 하기 시작하는 등 놀이의 형태가 창의적이며 상당히 능동적임. 출발선과 결승선, 장애물 등을 유아들끼리 스스로 구성해가며 규칙있는 게임을 하는 모습이 나타나는 등 높은 수준의 사회성을 요구하는 놀이가 지속됨. 이에 교실을 넓게 쓸 수 있도록 물리적인 지원을 통해 보다 다양한 유아(새 친구에 관심을 가지는 유아, 낯가림이 심하지만 교우관계에 관심을 보이는 유아 등)가 참여할 수 있도록 지원하였음. 이외 아직 자석놀이에 함께 참여하지는 않더라도 친구들의 놀이를 관심을 갖고 지켜보는 유아 또한 다수 관찰돼, 자석에 대한 사전지식이 쌓일 경우 보다 많은 유아들이 적극적으로 자석을 활용한 놀이에 참여할 수 있을 것으로 보임. 유아들의 놀이가 보다 더 활발히 진행될 수 있도록 자석에 대한 과학적 개념(예: 자기장–서로를 끌어당기고 밀어내는 극이 있음을 안다. 자성–자석에 붙는 물건과 붙지 않는 물건이 있음을 안다)을 활용하여 유아들을 지원해주려 함

일안의 교육과정 평가 중 놀이와 관련된 내용을 활용하여 유아 평가를 실시하고 포트폴리오에 넣어 가정과 공유함

유아 관찰 기록지

일시	2020.6.12.(금)
유아명	민○○, 김●●
장소	병아리반 교실
관찰상황	자유놀이 시간 과학영역에서 자석놀이를 하는 상황
관찰내용	 • ○○이가 등원하여 교실에 들어오면서 과학영역이 새롭게 변화한 것을 보고 "와! 선생님 이거 뭐예요? 이거 나 백화점에서 봤어요!"라고 이야기하며 흥미를 보임 • 자유놀이 시간 동안 자석과 여러 가지 사물들이 서로 붙는지, 붙지 않는지를 탐색함. 과학영역의 물체를 한 가지씩 골라 자석에 붙는지 확인하고, 붙는 물건만 따로 모아둠 • 이후 교실 곳곳에 자석을 가지고 다니면서 자석에 붙는지 붙여보는 모습을 보임. 이를 보고 ●●이가 다가와서 ○○의 놀이를 옆에서 흥미롭게 지켜봄 • 교사에게 ●●이가 ○○이의 놀이가 무엇인지 물어봄. 이에 교사는 ●●이가 직접 친구에게 물어볼 것을 제안함 • ●●이가 무슨 놀이를 하는지 묻자, ○○이가 대답해 줌 • 이후 두 유아가 함께 자석을 가지고 다니며 물건들에 붙여보고 놀이하는 모습이 관찰됨
교육 과정 영역	• 자연탐구영역–탐구과정 즐기기–궁금한 것을 탐구하는 과정에 즐겁게 참여한다. • 사회관계영역–더불어 생활하기–친구와 서로 도우며 사이좋게 지낸다.
교사의 해석	• 두 유아 모두 자석의 성질에 관심을 보이며 호기심을 갖고 탐구하는 모습을 보임 • 자석놀이가 두 유아 간 친구관계를 시작하는 계기가 되었음. 친구의 놀이와 행동에 관심을 가지고 다가가며, 놀이 중 친구가 필요하다고 하는 것을 자연스럽게 가져다 주는 행동을 보임

교육과정 안에서의 놀이, 배움, 가르침의 통합이라는 것은 곧 유아와 교사가 모두 높은 주도권을 가지는 것을 의미한다. 유아는 자신의 흥미와 요구에 충실하게 놀이에 적극적으로 참여하며 이 과정에서 발달과 성장을 이룬다. 교사는 유아의 발현적 놀이가 활성화되도록 지원하면서 이와 연계하여 유아의 전인 발달과 성장을 통해 교육목표가 달성될 수 있도록 한다. 유아와 교사의 놀이, 배움, 가르침이 치밀하게, 그러나 인위적이지 않으면서 자연스럽게 연결되어 흘러갈 때 진정한 통합을 실현할 수 있다.

지금까지 살펴본 것과 같이 유아교육과정에서 놀이, 배움, 가르침의 통합을 실현하기 위해서는 교육과정 운영 시 계획과 실행, 평가가 서로 유기적으로 연계되어 원활하게 이루어져야 한다. 이는 곧 교육과정에 교사와 유아의 목소리를 모두 반영하는 기초가 되기 때문에, 기반이 탄탄한 놀이 중심 교육과정 운영의 필수 조건이라고 할 수 있다. 사실 현장에서 유아의 놀이를 활성화하기 위해 민감하게 관찰하고 즉각적으로 반응과 지원을 해 주는 것만으로도 교사들은 짐이 매우 무겁다. 그러나 아무리 열심히 물을 길어다 부어도 밑 빠진 독에는 뿌듯한 결실이 있을 수 없듯이, 교육과정을 위한 계획, 실행, 평가를 제대로 하지 않고 유아의 놀이만을 순간순간 연계 없이 지원하는 것은 교사들의 노력이 헛되이 소모되어 버리는 일이 될 수 있다. 값진 노력이 최선의 결실을 맺을 수 있도록 교사들은 자신과 우리 기관, 우리 학급에 적합한 교육과정 계획–실행–평가의 방법을 찾기 위해 노력하고, 실행과 반성적 성찰을 통해 자신만의 디자이너 버전을 창조해가는 실제(Wood, 2013)를 구축해야 한다. 그러기 위해서는 무엇보다도 교사 자신이 교육과정 문해력과 교과교육학적 지식, 유아에 대한 이해 등 유아교육적 역량을 기르고, 실제 현장에서 직면하게 되는 새로운 상황들에 끊임없이 도전, 실천하며 발전할 수 있도록 노력해야 할 것이다.

놀이, 배움, 가르침의 통합을 위한 유아교육 바로 알기

Ⅲ. 놀이, 배움, 가르침의 통합을 위한 공간 구성과 매체 활용의 실제

1. 공간과 매체

'공간'이란 물체가 존재하고 어떤 일이 일어날 수 있는 자리를 뜻한다. 유아들은 공간 속에서 스스로 보고, 듣고, 느끼며 자연스럽게 배움을 얻을 수 있고(김희진 외, 2011), 공간 속에서 일어나는 일들이 모여 유아들의 삶의 방향을 결정짓기도 한다. 따라서, 유치원이란 공간 속에서 유아들이 유의미한 시간을 보낼 수 있도록 하는 교사들의 역할이 중요하다.

유아들의 놀이는 공간 속 여러 가지 매체를 통해 이루어진다. 매체의 사전적 의미를 살펴보면 '한쪽에서 다른 쪽으로 전달하는 물체'를 뜻하는데, 이 뜻을 유아들의 놀이에 적용시켜 본다면 매체는 유아들의 놀이를 더욱 흥미롭게 하고, 더욱 효과적으로 진행시키도록 하는 역할을 한다(엄정애, 2009). 따라서 본 장에서는 유아들이 일상 생활에서 접하고, 놀이에 활용하는 모든 놀잇감을 매체로 통칭하고자 한다.

학기 초, 교사는 국가 수준 교육과정(누리과정)의 교육목표에 따라 매체를 준비하고 공간을 정돈하며 환경을 구성한다. 환경은 늘 고정되어 있지 않으며, 유아들의 놀이가 어떤 모습을 보이는지에 따라 학기 후반으로 갈수록 변화한다. 같은 공간에서 반복적인 시간을 보내는 것보다 변화하는 공간에서 유아들은 더욱 흥미를 가지고 몰입하여 놀이하기 때문이다.

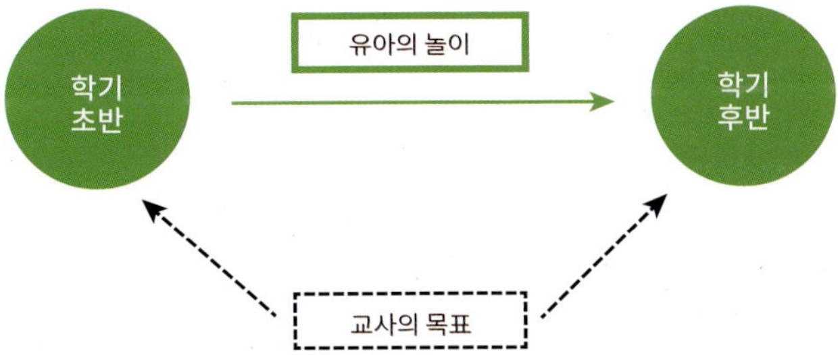

이때, 교사는 놀이의 지원뿐만 아니라 그 안에 국가 수준 교육과정에서 제시하는 목표를 확인하고 녹여내야 한다. 유아의 놀이 양상과 교사의 선택에 따른 공간과 매체의 변화는 반복될 것이며 환경 변화의 주체를 교사와 유아 모두를 동등한 입장으로 바라보는 것이 바람직하다.

따라서 본 장에서는 공간과 매체를 접하는 유아들이 점차 어떻게 변화의 주체로서 성장해 가는지 살펴보고자 하며, 이를 지원하기 위해 또 다른 주체인 교사가 어떻게 유아들의 성장을 돕는지 구체적인 공간 구성 및 매체 활용의 실제를 통해 소개하고자 한다.

2. 공간 구성과 매체 활용의 실제

공간 구성과 매체 활용의 실제는 유아들이 공간과 매체를 접하며 보이는 반응과 성장을 네 단계로 나누었으며 구체적인 내용은 이를 돕는 교사의 지원 방법을 중심으로 소개하고자 한다. 물론 공간과 매체를 접한 유아들이 보이는 반응은 한 공간 안에서 다양하게 나타나겠지만 개인적 성향에 따른 시간적인 차이, 언어적인 차이일 뿐 '탐색하기, 익숙해지기, 활용하기, 주도하기'라는 네 단계를 모두 거쳐간다. 따라서 상위 단계로 넘어갈 수 있도록 교사는 목표를 설정하고 이를 지원할 수 있는 방법을 모색한다. 이때, 교사는 공간과 매체의 특성을 활용하여 지원하기 시작하면서 점차 관찰을 통해 지원 방향을 선택하고, 유아와의 소통을 통해 지원 방법을 결정 및 수정해 나가게 된다.

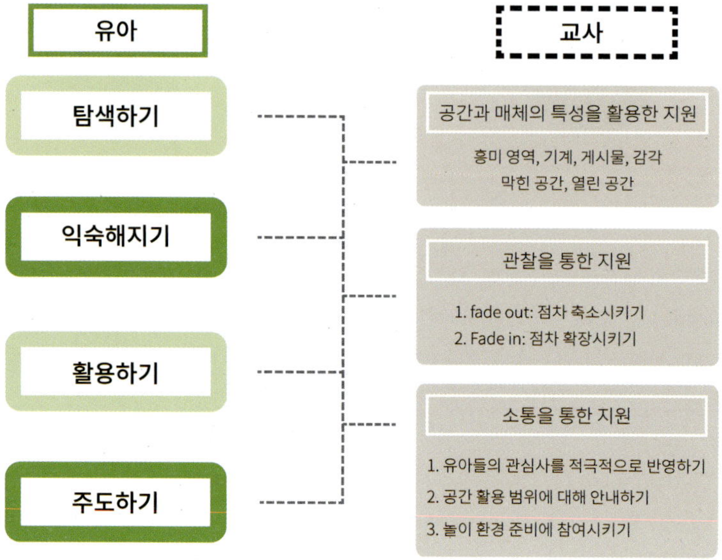

1) 탐색하기

이건 뭘까?

- 학기 초 유치원에 처음 온 유아, 새로운 학급으로 진급한 유아는 익숙하지 않은 환경을 접하게 되기에 놀이하기 전, 탐색하는 시간을 갖게 됨. 충분한 탐색은 풍부한 놀이의 기초가 되기 때문에 교사는 이를 돕기 위한 다양한 공간과 매체를 준비함. 공간과 매체의 특성을 활용한 구성은 유아들의 관심을 끌고 곳곳을 탐색할 수 있도록 도우며 이때, 유아들의 탐색 과정을 면밀히 관찰하여 개별적인 발달 단계와 놀이 성향을 파악할 수 있음. 유아들의 탐색을 돕는 구체적인 예시는 다음과 같음.

(1) 흥미 영역

〈쌓기 영역〉

〈언어 영역〉

〈음률 영역〉

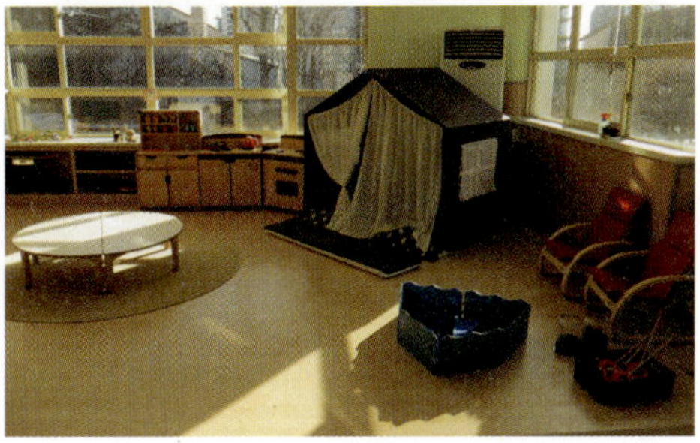

〈역할 영역〉

- 교사는 유아들이 전반적인 발달을 이루어 낼 수 있도록 기본적인 흥미 영역을 구성하여 각 영역별 특징에 알맞은 매체들을 구비함. 유아들은 준비되어 있는 재료를 충분히 탐색하며, 그 영역을 통해 어떤 놀이를 할 수 있는지 파악할 수 있음.
- 흥미 영역을 구성하면서, 교사는 매력적인 특징을 가진 매체를 곳곳에 배치하여 유아들의 적극적인 탐색을 도울 수 있음.

(2) 기계

- 평소 쉽게 접해보지 못했던 기계를 접하면 유아들은 호기심을 느끼고 다가감. 기계 자체를 살펴보기도 하고, 기계의 사용으로 모습이 변화되기도 하는 다른 매체를 보며 탐색을 이어 나감.

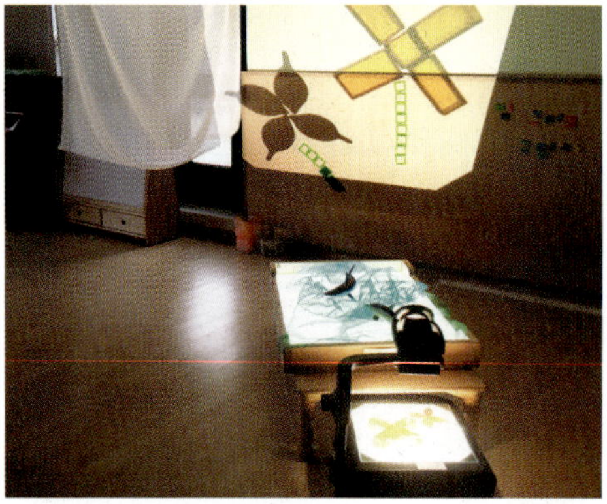

〈OHP 기계〉

〈전자현미경〉

(3) 게시물

- 벽면에 게시된 게시물을 살펴보며 유아들은 그 공간을 탐색할 수 있음.

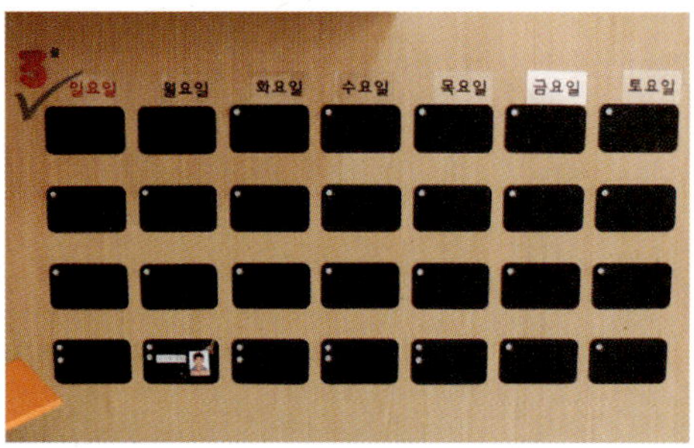

〈학급 달력〉

〈명화 감상〉

(4) 감각

- 유아들의 감각 경험을 지원하는 매체를 통해 탐색을 도울 수 있음.
- 특히 만 3세의 경우, 부드러운 촉감을 통해 편안함을 느낄 수 있도록 하여 탐색과 적응을 지원함.

① 촉감

〈보드리 블록〉

〈천 재질의 음식〉

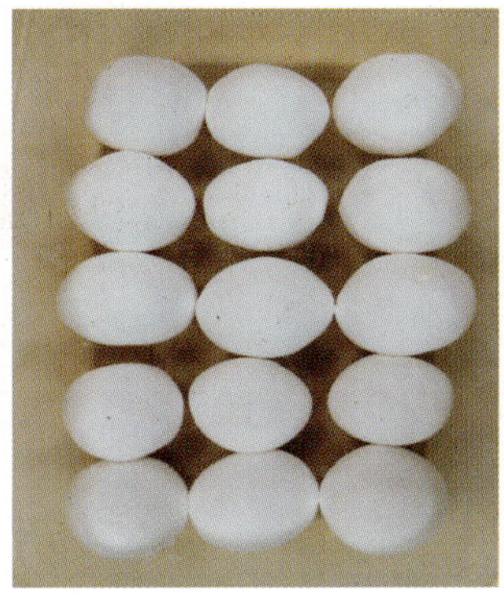
〈천사 점토〉

② 시각

- 유아들의 시각을 자극하는 매력적인 색감을 가진 매체들은 유아들이 가까이 와서 탐색할 수 있도록 함.

- 친숙한 인형과 싱그러운 느낌을 주는 화분이 조화롭게 배치되어 있을 때, 유아들의 시각을 자극하기도 함.

- 앞서 소개한 (2)~(4)까지의 예시를 복합적으로 적용하여 공용 공간의 탐색을 도울 수 있음.

〈EQ 시리즈 친구들 찾기〉

〈도형 친구들의 유치원 소개하기〉

- 매력적인 인형을 활용하고 게시물을 어떻게 구성하느냐에 따라 더욱 폭넓은 공간 탐색을 지원할 수 있음. 숨은 그림 찾기, 수수께끼 등 유아들이 흥미를 갖는 놀이 성격을 활용하여 게시물을 통해 질문하고 답을 찾으며 유아들이 유치원 공간 곳곳을 인식하게 도울 수 있음.

〈지하 복도 – 딜리쿠션 놀이〉

- 부드러운 촉감의 쿠션을 사용하여 작품을 만들 수 있는 딜리쿠션을 지하 복도에 놓아 두고, 매력적인 인형과 그림책을 함께 비치하여 유아들이 편안하게 지하 공간에서 놀이할 수 있도록 함.

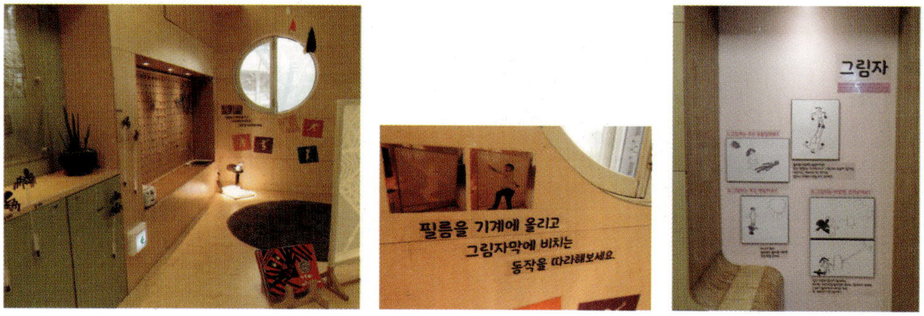

〈1층 복도 – 그림자놀이〉

- 유아들이 좋아하는 그림책을 OHP기계를 사용하여 그림자 동화로 구연해 볼 수 있도록 함. 또한 그림자로 신체 놀이를 할 수 있는 자료를 함께 제시하여 공유 공간에서의 놀이를 경험하였음. 더불어 그림자에 대한 이해를 돕는 게시물을 함께 전시함.

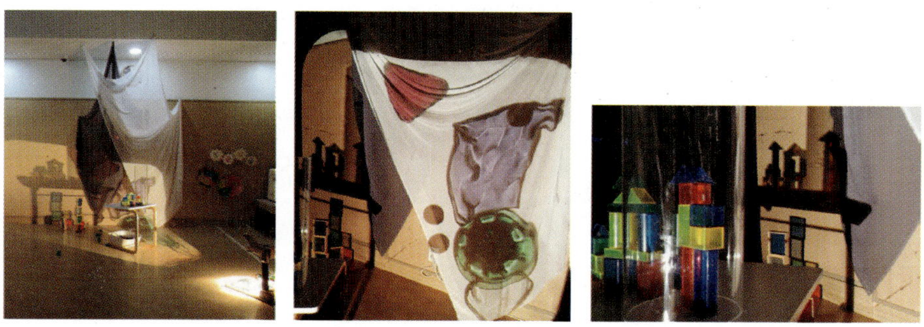

〈2층 복도 – 빛에 비친 물건의 색깔 탐색〉

- 기계와 매력적인 색감을 활용한 복도의 구성은 유아들의 이목을 끌고, 공유 공간 또한 놀이할 수 있는 공간임을 인식하게 도움.

(5) 막힌 공간

- 유아들은 막혀있는 공간에 큰 매력을 느끼기도 함. 열린 공간 속 막힌 공간을 잘 활용하여 유아들의 공간 및 매체 탐색을 도울 수 있음.

〈학급 벽면의 굴〉

〈교구장의 배치를 통한 막힌 공간〉

〈막힌 공간을 활용한 그림자 놀이〉

〈벽을 배경으로 활용한 캠핑 놀이 공간〉

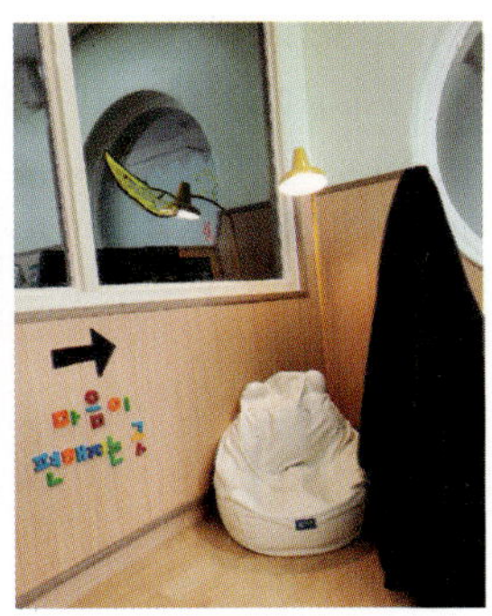

- 막힌 공간을 활용하여 유아들의 심리적인 안정감을 지원할 수도 있음.

(6) 열린 공간

- 열려 있는 공간에서 유아들은 많은 친구들을 만나고 놀이를 경험함. 이때, '열려있다'라는 뜻은 단순히 물리적으로 열린 공간이라기보다 넓은 의미에서 유아들이 폭넓은 관계를 경험할 수 있는 곳으로 소개하고자 함. 특히, 학급에 비해 보내는 시간이 절대적으로 적은 공유 공간은 유아들이 인식하고는 있으나 놀이하기에 망설여지는 공간임. 이에 공유 공간의 열린 특성을 잘 활용한 공간의 구성은 공유 공간을 또다시 탐색할 수 있는 기회가 됨. 따라서 꼭 학기 초가 아니더라도 틈틈이 탐색할 수 있도록 교사의 지원은 중요함.

〈1 층 복도 – 재활용 센터 놀이〉

- 여섯 반 유아들이 학급으로 가려면 지나치게 되는 1층 복도는 유동 인구가 굉장히 많음. 1층 복도를 활용한 놀이 공간은 다른 학급 형–동생들이 만나 상호 교류할 수 있는 기회가 되기도 함. 자신들이 가지고 온 물건(예: 재활용품)을 1층 복도에서 나누어 주고, 필요한 사람이 가져가 사용할 수 있도록 하여 인성 함양에 필요한 덕목을 기를 수도 있음.

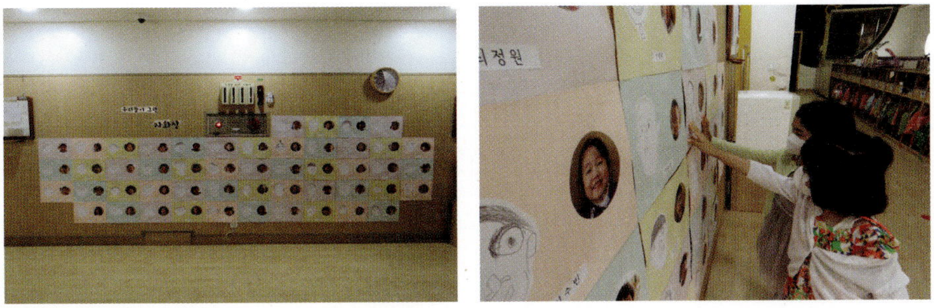

〈2층 복도 – 자화상 전시〉

- 2층 복도는 같은 연령 두 학급의 중간에 위치해 있으며, 만 4세 어린이들이 함께 만나고 유대감을 형성할 수 있는 공간임. 두 학급 유아들의 작품을 전시하고, 어떤 친구들이 어떻게 작품을 구성했는지 이야기를 나누며 같은 연령 친구를 인식하고 친밀감을 가질 수 있음.

2) 익숙해지기

아, 이렇게 하는 거구나!

- 탐색을 하며 공간과 매체에 익숙해지기 전, 유아들은 '정돈되지 않는 모습'으로 놀이를 하게 되는데, 이러한 모습은 익숙해지고 있는 과정임. 유아들이 익숙해진 공간과 매체를 사용해서 그들의 놀이로 이어 나가기 위해서는 이와 같은 과정이 꼭 필요함. 따라서 교사는 정리 정돈을 지시하기보다 시간을 가지고 유아들의 놀이 준비를 기다려 주는 것이 바람직함.
- 점차 공간과 매체에 익숙해진 유아들은 공간에 편안함을 느끼고 매체들을 사용하며 놀이함. 이때, 탐색하기 단계보다 더 구조화된 작품을 만들고, 본인의 놀이를 위해 여러 친숙한 매체들을 합하여 사용하기도 함.

- 학급 각 흥미 영역에서 교사들이 흔히 볼 수 있는 위의 놀이는 공간과 매체에 익숙해진 유아들의 놀이 예시임.

■ 익숙해진 매체를 사용하여 놀이하다 시간이 흐르면 매체들을 잘 활용해서 놀이하거나 관심이 없어져 쓰지 않는 등의 모습을 보임. 쓰지 않는 매체는 정리하고 새로운 것으로 교체하여 새로운 유아들의 탐색을 도움. 반면, 잘 사용하는 매체는 어떻게 지원을 해 주어야 유아들의 놀이가 확장될지 교사들의 고민은 계속됨. 이처럼 익숙해진 유아들의 놀이 양상에 따른 교사의 고민을 두 가지로 정리해 보고자 함.

(1) Fade-out: 점차 축소시키기

■ 유아들이 놀이하지 않는 공간과 매체를 교사가 축소시킴. 이때, 바로 축소시키기보다 그곳을 조금 더 자세히 들여다볼 수 있도록 먼저 지원할 수 있음.

〈투명막에 물건을 올려 그림자를 관찰하는 유아〉〈투명한 종이에 그림자를 그리며 놀이하는 유아들〉

■ 천장에 뚫려있는 곳으로 햇빛이 들어오면, 그림자가 생기곤 함. 유아들이 인식하고 있기는 하지만 특별한 매체가 없을 때는 그냥 지나치는 곳이었음. 이때, 그림자를 관찰할 수 있도록 매체를 추가하여 지원해 준다면 유아들은 관심이 있었지만 지나쳤던 곳을 한 번 더 들여다볼 수 있게 됨.

- 한편, 여러 가지 이유로 매체를 잘 사용하지 않을 수 있음. 교사는 그 이유를 잘 분석하여 유아들이 매체를 충분히 사용해 볼 수 있도록 지원해야 함.

〈깊은 교구장에 담긴 블록〉

〈바구니로 옮겨진 블록〉

- 매체가 깊은 교구장에 위치하여 유아들이 꺼내기 힘들었을 경우, 잘 사용하지 않을 수 있음. 이에 매체를 조금 더 사용하기 쉽도록 바구니에 옮겨 주었을 때, 유아들이 매체를 더 잘 사용할 수 있게 됨.

- 위와 같은 과정 이후에도 유아들이 사용하지 않는 매체들을 축소시킬 때는, 일부 재료의 개수를 조정하여 축소하기도 하며 흥미 영역의 공간 크기를 축소하기도 함.

〈미술 영역의 물감 재료 축소〉

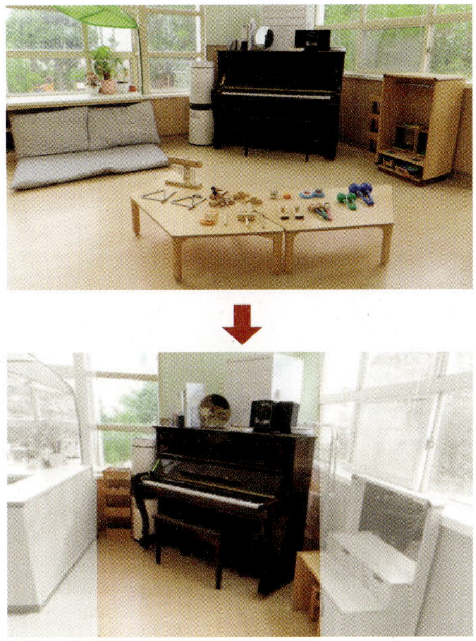
〈음률 영역 공간의 축소〉

(2) Fade in: 점차 확장시키기

- 익숙해진 유아들의 놀이 중, 매일처럼 유아들이 즐겨하는 놀이가 있음. 유아들이 함께 잘 놀이할 수 있도록 직접 교사가 개입하여 놀이에 참여하기도 하며, 공간과 매체에 변화를 주어 놀이를 점차 확장시키기도 함.
  다음은 만 4세 학급에서 유아들이 즐겨하던 놀이를 공간과 매체를 활용하여 확장시킨 사례임.

■ 기차놀이를 즐겨하는 유아들, 소풍 놀이를 즐겨하는 유아들이 함께 놀이할 수 있도록 적극적으로 교사가 놀이에 참여함.

■ 교실의 의자를 옮겨 기차의 좌석처럼 놓은 후, 극놀이를 시작해서 많은 유아들이 흥미를 보이게 됨. 기차를 타고 소풍을 떠나는 놀이를 하며 기관사와 승객의 역할을 나누어 맡기도 함.

■ 이후 학급 공간을 재배치하여 기차놀이를 할 수 있는 공간을 마련함.

〈기관사 모자〉

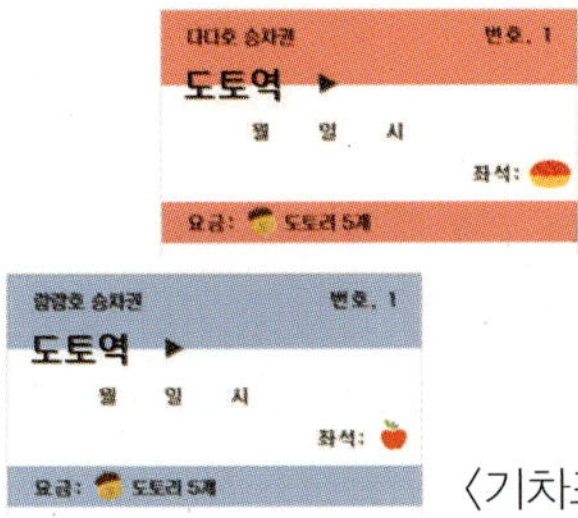

〈기차표〉

〈셔틀 기차〉

〈기찻길〉

- 매력적으로 구상한 매체를 추가해 보다 많은 유아들이 놀이에 참여할 수 있도록 지원함.

3) 활용하기 및 주도하기

이렇게도 할 수 있어.

- 공간과 매체에 익숙해진 유아들은 적극적으로 공간과 매체를 활용하며 놀이를 함.

〈기차표 사고 팔기〉

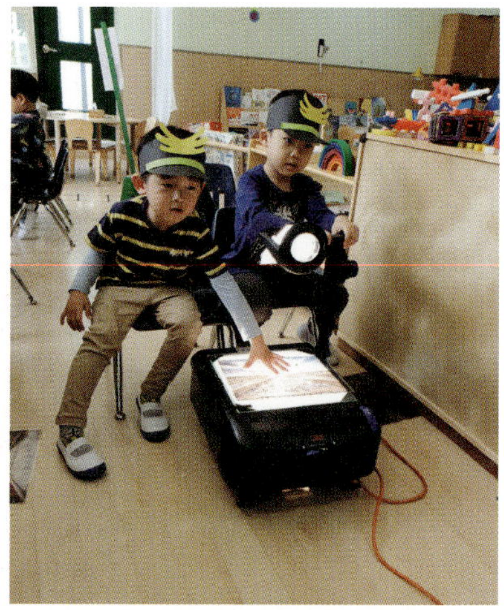

〈기관사와 승객이 되기〉

〈셔틀 기차 타기〉

〈기차에서 내려 도시락 먹기〉

- 앞서 소개한 만 4세 학급 유아들의 기차놀이를 확장하여 지원한 후, 유아들이 매체를 적극적으로 활용하며 놀이하는 모습임.

- 하지만 유아들이 매체를 잘 활용하여 논다고 해서 주도성을 가졌다고 할 수는 없음. 유아들이 더욱 주도적으로 공간과 매체를 활용하여 놀이를 하게 하려면, 주인 의식을 가질 수 있게 교사는 또 다른 지원을 해줄 수 있음. 이 과정에서 꼭 필요한 것은 교사와 유아의 쌍방향적인 소통임. 소통을 통한 교사의 지원 방안을 세 가지로 정리하면 다음과 같음.

(1) 유아들의 관심사를 적극적으로 반영하기

- 유아들의 관심사를 환경에 적극적으로 반영해 준다면 놀이에 대한 기쁨은 더욱 커질 것이며, 점차 자신들의 생각을 적극적으로 표현하게 될 것임.

〈소풍 이후, 미술관에 대한 관심〉

〈작품 전시에 대한 관심〉

〈학급에 생긴 람람 미술관〉

〈작품 전시하는 곳〉

- 기차를 타고 소풍을 떠나 즐겁게 놀이하는 유아들의 또 다른 관심사를 학급 공간에 반영함.
- 기차를 타고 도착하면 방문할 수 있는 미술관을 만듦. 입장권을 파는 매표소와 여러 미술 작품을 볼 수 있도록 환경을 지원함. 또한, 자신들의 작품을 전시하고자 하는 유아들을 위해 작품을 전시할 수 있는 공간을 마련함.

(2) 공간 활용 범위에 대해 안내하기

- 점차 놀이에 대한 생각을 적극적으로 표현하는 유아들과 소통하며, 교사들은 놀이의 확장을 위해 공간이 학급에만 제한되지 않고 공유 공간까지 나아갈 수 있도록 지원할 수 있음. 하지만 이때, 공간의 확장이 무조건적으로 허용될 수 없으므로 교사는 공간 활용 범위에 대해 안내할 필요가 있음.

① 놀이 공간에 대해 질문하기 ② 유아들의 생각을 들어주기 ③ 교사의 생각 이야기하기 ④ 함께 조율하여 결론 내기

- 위와 같은 과정을 거칠 때, 유아의 의견을 무조건적으로 수용하거나 교사의 권위만을 내세우지 않도록 주의해야 함. 교사와 유아 모두 동등한 입장에서 함께 참여하는 것이 중요함.

〈유아들과 공간의 확장에 대해 이야기 나누기〉

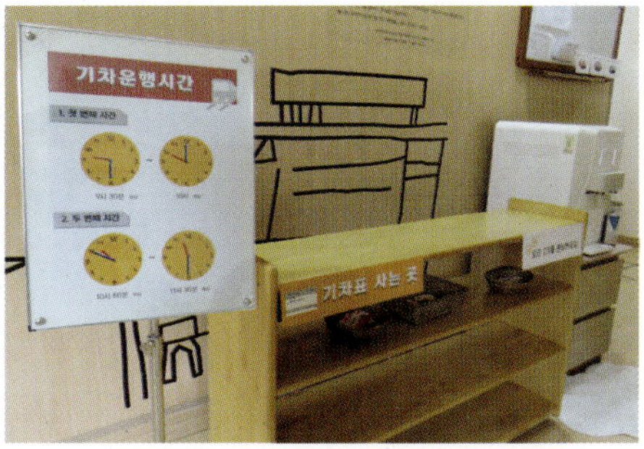

〈기차 운행 시간표 및 기차표 사는 곳〉

〈옆 반 친구들과 기차놀이하기〉

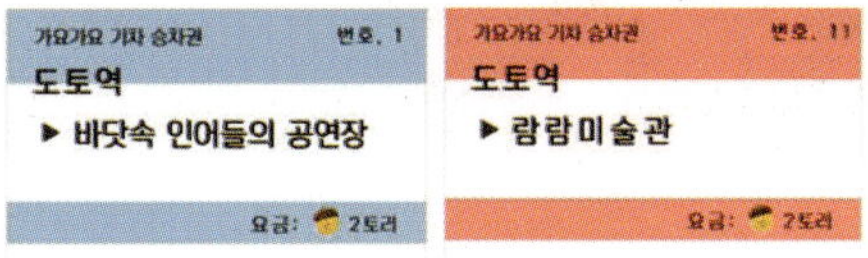

〈어떤 학급으로 갈지 결정하는 기차표〉

- 옆 학급과 함께 기차놀이를 하고 싶어하는 유아들과 소통한 후, 2층 복도를 활용하여 기차놀이를 하기로 함.
- 아무 때나 기차를 탈 수가 없기에 두 반이 모두 협의하여 기차 운행 시간표, 표 사는 곳, 기찻길 등을 만들어 놀이가 확장됨.

(3) 놀이 환경 준비에 참여시키기

- 유아들과 소통하며 원하는 놀이를 확장해 줄 때, 유아들을 놀이 환경 준비에 참여시킬 수 있음. 직접 놀이에 필요한 매체를 준비하고 공간을 구성한다면 유아들은 더욱 자신들의 놀이를 적극적으로 주도하게 될 것임.

〈기차역 배경과 기찻길 만들기〉

〈학급 미술관 작품 만들기〉

- 2층 복도에서 기차놀이를 할 수 있도록 공간을 직접 준비해 보고, 기차를 타고 놀러 올 다른 학급 친구들에게 보여줄 수 있는 멋진 미술 작품을 만들어 미술관에 전시함.

- 위와 같은 과정을 거치며 유아들은 점차 자신들의 놀이에 자신감을 얻고, 놀이에 대한 자신들의 목소리를 크게 내며 놀이를 주도할 수 있게 됨.

- 2층의 옆 학급뿐만 아니라, 1층의 다른 학급과도 함께 기차놀이를 하고 싶어하는 유아들의 요구에 따라 놀이가 더욱 확장됨.
- 교사와 유아가 함께 환경을 준비하고, 모든 학급 어린이들이 지나치는 1층 공유 공간에 기차역, 매점, 기찻길 등을 만들어 전체 원아가 함께하는 놀이가 이루어짐.

〈2층 공유 공간의 기차놀이 공간〉

〈1층 공유 공간으로의 확장〉

- 놀이하는 과정뿐만 아니라, 정리하는 과정에도 직접 참여하여 유아들의 공간에 대한 주인 의식을 길러줌.

- 지금까지 공간과 매체를 접하는 유아들이 보이는 반응과 그에 따른 교사의 지원 방안에 대해 단계를 나누어 살펴보았음. 낯설지만 새로운 환경에 대해 탐색의 시간을 가지고 난 후, 점차 공간과 매체의 특성을 활용하여 놀이를 주도적으로 확장시켜 나가는 과정에서, 무엇보다 중요한 것은 교사와 유아가 서로 존중하고 소통하는 태도임.
- 다음의 두 가지 사례를 통해 보다 총체적으로 위에서 제시한 일련의 과정이 어떻게 전개되는지를 소개하고자 함. 유아들의 놀이가 학급에서 공유 공간까지 어떻게 확장되었으며, 공간과 매체를 어떻게 활용하여 유아들의 놀이가 확장되어 나갔는지에 초점을 두어 제시하고자 함.

① 영화 놀이

〈극놀이에 대한 흥미〉

〈연극 무대의 구성〉

- 그림책 이야기를 활용하여 인형극을 하거나 직접 주인공이 되어 극놀이를 즐겁게 하는 유아들의 흥미를 반영하여 역할 영역을 연극 무대로 구성함.

〈연극 무대에서 극놀이하기〉

〈카메라 만들어 촬영하기〉

- 이후 연극 무대에서 유아들이 등장인물이 되어 연기하고, 관객 역할을 맡거나 촬영하는 역할 등을 맡기도 함. 활발한 극놀이가 이루어짐.
- 필요한 소품을 생각하고 준비하여 놀이에 사용하기도 함(예: 블록으로 고정된 카메라 만들기).

〈학급에 촬영 세트장 구성하기〉

〈역할을 나누어서 영화 촬영하기〉

- 유아들과 학급에 촬영 세트장을 만들고, 역할을 나누어 영화를 촬영하는 놀이로 확장됨.

〈지하 영화관에서 영화 감상하기〉

- 함께 만든 영화를 다른 학급의 어린이들에게도 보여 주고 싶어하여 유치원에 영화관을 만들기로 함. 지하 공유 공간의 벽을 사용하면 큰 화면을 볼 수 있고, 목소리가 울려 웅장하게 느껴진다는 유아들의 의견을 수렴하여 공간을 구성하였음.

② 100층짜리 집 놀이

〈100층짜리 집 그림책에 대한 관심〉

〈블록으로 100층짜리 집 쌓기〉

- 우연히 친구가 가져온 '100층짜리 집' 그림책을 시작으로 엄청난 관심이 생김. 블록을 높게 쌓는 등 학급의 물건을 활용하여 100층짜리 집 짓기를 시도함. 하지만 계속 무너지고 쌓는 과정을 반복하게 됨.

- 유아들은 함께 모여 어떻게 하면 100층짜리 집을 만들 수 있을지 이야기를 나눔. 물건을 직접 쌓기보다는 그림책처럼 자신들의 그림으로 100층짜리 집을 만들기로 함.
- 유치원 공간을 둘러보며 집이 생길 곳을 정함. 지하~2층까지 뚫려 있는 하얀 벽면을 활용하기로 하였음.

〈모둠별로 100층짜리 집 구성하기〉

〈예시-1~10층 생쥐들의 집〉

〈예시-91~100층 다람쥐들의 집〉

- 유아들이 100층의 집을 그리기 위해, 어떤 동물들이 사는 집을 그릴 것인지 10층을 한 단위로 모둠을 정하였음. 집의 배경을 색칠하고 각 층에 사는 동물들의 모습을 유아들이 그리면, 교사가 컴퓨터로 그림들을 합쳐 주었음.

〈복도에 구성된 100층짜리 집〉

- 공유 공간에 100층짜리 집을 전시하였으며 각 10층마다 어떤 동물들이 살고 있는지 설명을 덧붙임.

〈초대장〉

〈궁금한 것 적어서 우체통에 넣기〉

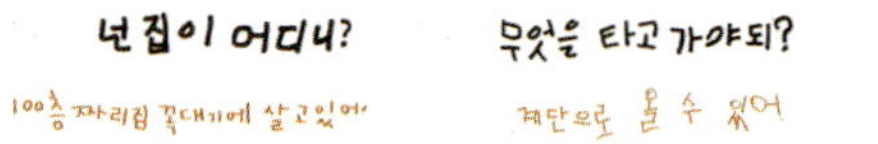

- 한편, 100층짜리 집을 공유 공간에 전시한 만큼 다른 학급 유아들의 궁금증 또한 커졌으며 이에 초대장을 보냄.
- 원작 '100층짜리 집'처럼 누가 초대했는지는 알려주지 않았으며, 궁금한 점을 적어 지하의 우체통에 넣어 두면 답과 함께 전시를 해 주었음.

■ 질문에 어떤 답을 했는지 확인하고, 100층짜리 집을 구경하며 초대한 학급으로 찾아감. 만나서 함께 놀이하며 즐거운 시간을 보내게 됨.

위의 사례들을 종합해 보았을 때, 공간과 매체를 활용한 유아들의 놀이는 일방향적으로 이루어지는 것이 아닌 유아-교사 간 쌍방향적 관계 속에서 이루어지는 것이 바람직하다. 유아들은 공간과 매체를 탐색하고, 익숙해지고, 활용하고, 주도하는 과정 속에서 교사의 지원을 통해 더욱 깊은 성장을 이루어 낼 수 있다. 따라서 교사는 환경을 구성할 때, 유아들이 자연스럽게 탐색하고 놀이할 수 있는 분위기를 조성하고, 친구들과 함께 탐구하며 문제를 해결해 나갈 수 있도록 격려해야 한다. 또한 공간과 매체가 하나의 방법으로 정해진 것이 아니라, 쓰임에 따라 달라질 수 있음을 알게 하여 유아들이 자신들의 생각을 적극적으로 반영하여 공간과 매체를 활용할 수 있도록 지원해야 한다.

'탐색하기, 익숙해지기, 활용하기, 주도하기'의 단계는 꼭 시기가 정해져 있는 것은 아니다. 학기 초가 아니더라도 유아들의 놀이 양상, 학급의 상황 등에 따라 언제든 단계가 시작될 수 있다. 놀이, 배움, 가르침의 통합을 위한 공간 구성과 매체 활용은 유아의 흥미와 관심뿐 아니라 교사의 세심한 관찰과 자율적인 판단 역시 중요하며, 유아와 교사가 함께 조율하는 과정이 필수적이다. 교사는 유아의 흥미와 관심을 파악하고 수용하는 것뿐만 아니라 국가 수준 교육과정에 기초한 교육적 목표를 녹여내기 위한 지원 또한 매우 중요함을 잊지 않아야 할 것이다.

Ⅳ. 놀이, 배움 가르침의 통합을 위한 자유놀이와 대소집단활동 조화의 실제

1. 자유놀이와 대소집단활동의 조화

2019 개정 누리과정은 누리과정 총론 및 5개 영역의 내용을 숙지하고 유아의 놀이, 일상생활, 활동과 연계하여 교육과정을 운영하도록 안내한다. 그러나 '놀이' 에 대한 강조로 (대소집단)활동에 대해서는 '놀이를 지원하는 활동을 계획할 수 있음' 정도로 매우 간략하게 설명하기에(교육부 · 보건복지부 · 육아정책연구소, 2019) 교육현장에서는 (대소집단)활동을 운영함에 있어 여러 가지 혼란과 고민이 있다.

교육현장에서는 '놀이를 지원하는 활동'을 비롯하여 다양한 교육적 목적하에 대소집단활동이 계획, 실시되고 있으며 그 예는 다음과 같다.

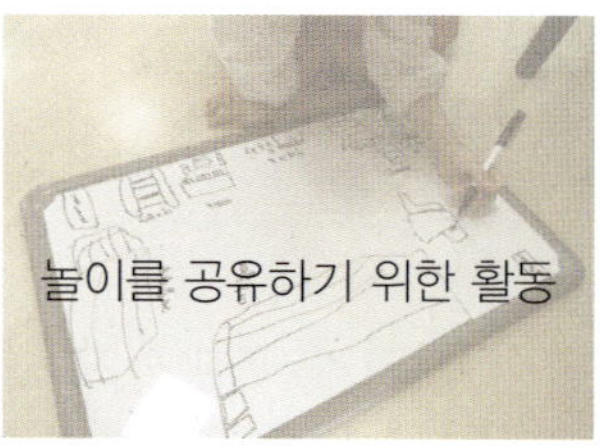

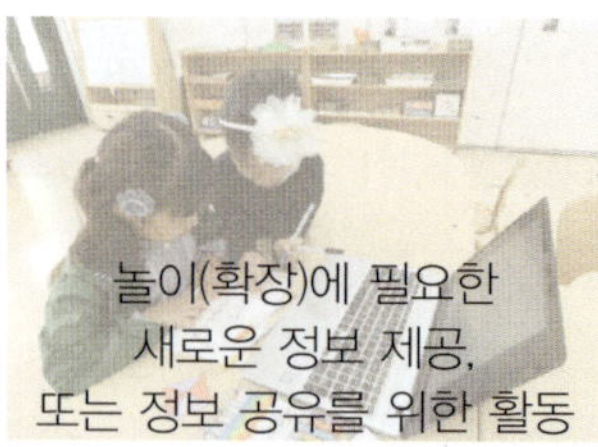

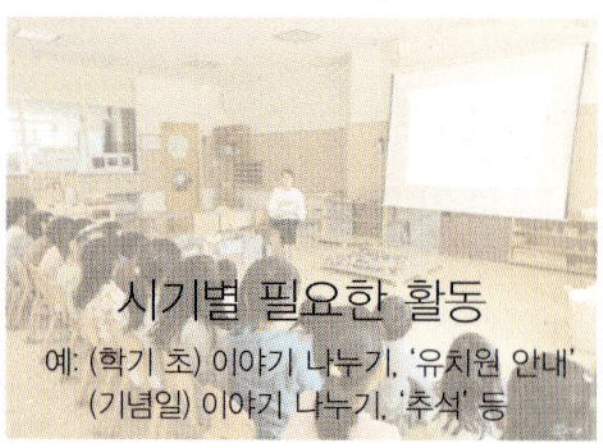

교육현장에서 실시되는 대소집단활동이 궁극적으로 유아의 성장과 발달을 위한 것임에는 이견이 없을 것이다. 2019 개정 누리과정이 강조하고자 하는 것도 기존의 주제 중심으로 교사가 모든 것을 미리 계획하고 실시했던 대소집단활동에 대한 과정적인 반성과 놀이가 유아의 성장과 발달을 지원하는 효과적인 방법임을 다시 한번 제고하길 바라는 것일 것이다.

따라서 개정 누리과정이 추구하는 바를 온전히 실현하기 위해서는 자유놀이와 대소집단활동의 조화가 필요하다. 조화는 '잘 어울림'이라는 뜻으로 어떤 것이 많고 적음의 비중을 강조하기보다 구성 요소들이 잘 어우러지는 모양새를 강조하는 말이다. 본 장에서는 자유놀이와 대소집단활동 조화의 실제를 살펴봄으로써 놀이, 배움, 가르침이 어떻게 통합되어 교육과정으로 운영되는지를 소개하고자 한다.

2. 자유놀이와 대소집단활동 조화의 실제

자유놀이와 대소집단활동 조화의 실제는 2019년과 2020년 만 5세 학급의 사례를 통해 소개하고자 한다. 이를 각각 '자유놀이와 [유아의 놀이를 지원하기 위한] 대소집단활동의 조화'/'자유놀이와 [유아의 배움을 지원하기 위한] 대소집단활동의 조화'라는 제목으로 구분하였다.

물론 앞서 설명한 대로 '놀이를 지원하기 위한' 대소집단활동은 궁극적으로 '유아의 배움을 지원하기 위한 것'에 포함되므로 이 두 가지를 명확하게 구분하는 것은 불가능하다. 그럼에도 불구하고 두 가지로 구분하여 소개하는 것은 2019 개정 누리과정에서 (대소집단)활동을 '놀이를 지원하는 활동'이라고 소개한 부분에 대한 교육현장의 이해를 돕기 위해서이다.

비고 사례는 다음의 도식을 활용하여 소개하고자 한다.

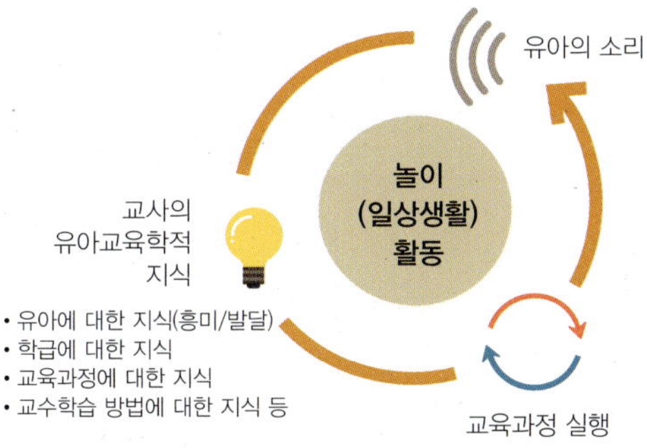

1) 자유놀이와 [유아의 놀이를 지원하기 위한] 대소집단활동의 조화

: 2019 교육과정 운영사례 –'캠핑놀이'를 중심으로

- 학기 초 관찰을 통해 교사는 진달래반 유아들에게 공통적으로 지원이 필요한 두 가지 부분을 발견함. 첫 번째는 유아들이 사용하는 언어습관에 대한 것으로, 대표적인 예로 "저 이거 해본 적 없는데요?" 또는 "선생님이 ~해주세요."를 들 수 있음. 즉 유아들은 놀이, 활동, 일상생활 전반에서 새로운 것을 시도하기 어려워하며 익숙한 것만을 고집하거나 성인에게 의존하는 모습을 보임. 이에 교사는 만 5세의 시기적 특성을 고려하여 익숙하고 잘하는 것을 하며 성취감을 느끼는 것도 물론 중요하지만 새로운 것을 시도해 보는 다양한 기회를 마련해 주고자 함. 두 번째는 유아들이 자신의 의견을 이야기하는 능력에 비해 상대적으로 다른 사람의 이야기를 귀 기울여 듣는 연습이 부족하여 갈등이 발생하는 경우가 빈번하게 관찰됨. 이에 교사는 여러 사람이 함께 이야기를 나누어 보는 기회를 제공함으로써 유아의 의사소통능력 신장을 지원하고자 함.

(1) 진달래반 캠핑장 구성하기

- 위와 같은 상황에 대한 지원 방안의 일환으로 '동극–함께 살아요'를 실시함

- 이후 동극의 소품으로 사용한 집 모양 프레임을 활용하여 놀이가 이루어짐. 특히 유아들은 프레임이 가벼워 이동이 용이하다는 특성을 활용하여 '움직이는 집'이라고 이름을 붙이고 교실 곳곳으로 프레임을 이동하여 놀이하는 모습을 보임

- 움직이는 집을 활용한 놀이는 점차 '캠핑'에 대한 몇몇 유아들의 경험을 토대로 캠핑 놀이(예: 모닥불 피우기–왼쪽 1번째 사진, 카라반을 연결해 캠핑장으로 이동하는 자동차 운전하기–왼쪽 2번째 사진 등)로 확장됨
- 캠핑 놀이에 참여하는 유아가 점차 많아지며 한정된 공간과 소품을 사용하는 데 있어 캠핑 놀이를 하는 다수의 유아들과 다른 놀이를 하는 유아들 간의 갈등이 빈번하게 발생함

- 놀이 시 발생한 본 문제상황을 해결하기 위해서는 학급 구성원들의 협의가 필요하다고 판단함. 또한 협력하여 문제를 해결하는 과정은 앞서 이야기 한 교사의 지원 방향(새로운 것을 시도해 보는 경험 및 여러 사람이 함께 이야기 나누는 역량 향상)의 효과적인 방안이 될 수 있을 것이라고 생각함

- 교사는 이야기 나누기 시간을 통해 현재 학급에서 이루어지는 놀이를 공유하고, 문제상황에 대해 협의하도록 지원함. 협의 결과 학급 전체 공간을 캠핑장으로 구성하되 다양한 놀이를 함께 할 수 있는 공간으로 구성하기로 함

- 이야기 나누기 과정에서 보이는 몇몇 유아들의 반응(예: 저는 캠핑을 해본 적이 없는데요?, 근데 캠핑장에서 그림을 그리기도 하나요? 등)을 통해 교사는 유아들이 협의한 결과를 토대로 공간을 주체적으로 구성하기 위해서는 추가적인 정보가 필요하다고 판단함. 이에 캠핑과 관련한 정보(예: 캠핑을 하는 이유, 음식, 캠핑장에서의 놀이 등)를 함께 공유하는 이야기 나누기를 계획함

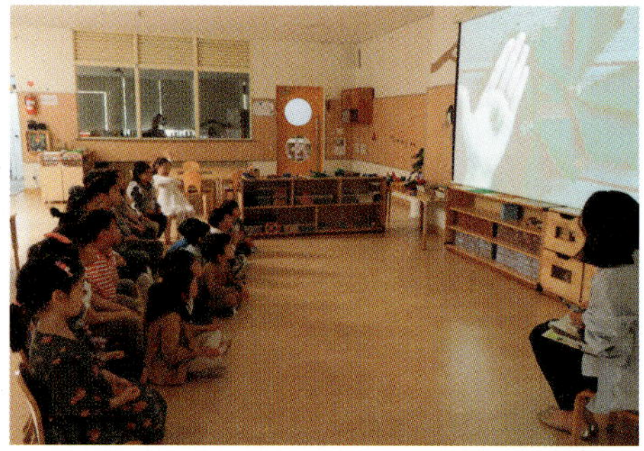

- 캠핑 놀이에 필요한 정보를 공유하고, 유아들이 자신의 캠핑 경험을 다른 친구들에게 소개하는 이야기 나누기 활동을 실시함
- 이와 더불어 캠핑, 협력적 문제해결, 공간 구성과 관련된 도서를 언어 영역에 제공해 줌으로써 유아들이 '진달래반 캠핑장'이라는 함께 놀이하는 공간을 구성하는 것에 대한 생각을 구체화할 수 있도록 지원함
- 이후 진달래반 캠핑장 구성에 대한 구체적인 의견을 나누는 이야기 나누기를 실시함

- 유아들은 이전에 비해 훨씬 구체적으로 캠핑장 구성에 대한 의견을 이야기함. 그러나 여전히 "~해주세요" 또는 "~필요해요"라는 반응을 보임

- 교실 전체를 구성해보는 것은 유아들에게 익숙하지 않은 경험일 수 있기에 교사의 여러 가지 교수행동 유형 중 '시범'이 효과적일 것이라고 판단함

(2) 캠핑장에서 놀이하기 및 평가하기

캠핑카는 꼭 만들어 주세요!
별을 보는 곳도 있으면 정말 좋을 텐데…
자연풍경을 보며 그림을 그릴 수 있는 곳이 필요해요.
바비큐 할 수 있는 곳은 꼭 있어야 하는 거 아시죠?

- 유아들과 이야기 나눈 내용을 바탕으로 교사가 1차 환경구성을 실행함. 1차로 완성된 진달래반 캠핑장에서 놀이가 활발하게 이루어짐

- 1차로 구성된 공간에서 놀이하던 유아들은 다양한 필요 또는 직면하는 새로운 갈등상황을 통해 놀이공간의 수정, 보완에 대한 의견을 교사에게 제안함

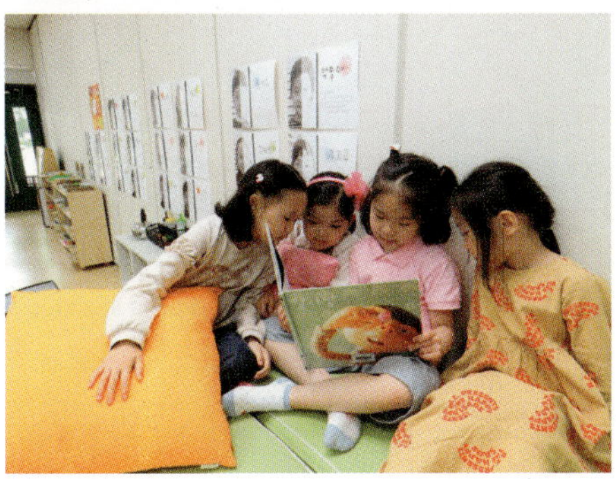

- 자신과 밀접한 관련성이 있을 때 유아의 참여가 활발히 일어나며, 의미 있는 참여가 가능하다는 선행연구를 바탕으로 놀이공간 구성에 대한 유아들의 생각을 스스로 실행할 수 있도록 지원하고자 함
- 교사는 이전에 세운 교육목표를 염두에 두며 구체적인 지원 방안을 모색함

- 먼저 문제해결과 관련된 다양한 동화를 감상함. 이를 통해 놀이 시 직면하는 문제를 스스로, 또는 유아들 간 협력하여 해결하는 태도를 기를 수 있도록 지원함
- 또한 게임을 통해 다른 사람의 이야기를 주의 깊게 듣고 소통하는 연습과 협력의 즐거움을 경험하도록 지원함
- 이후 놀이에 필요한 공간이나 소품을 구성하기 위한 소집단활동을 실시함. 구체적인 소집단활동의 내용, 방법, 일정 등은 모두 유아들 간의 토의로 결정함. 다만 교사는 평소 자유놀이 시 보이는 유아의 흥미, 발달, 또래관계 등에 대한 면밀한 관찰을 토대로 유아들의 소집단활동 참여를 지원함으로써 유아들이 본 활동에 참여하는 과정이 해야 할 과업이 아닌 놀이의 연장, 확장이 될 수 있도록 노력함

소집단활동의 예: 별똥별 만들기

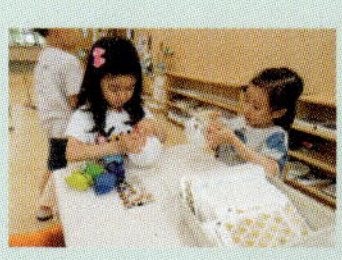

유아들은 놀이 시 보다 실제 캠핑장의 느낌이 들 수 있도록 교실을 꾸미기를 원함. 특히 캠핑에 대해 이야기 나눌 때 살펴본 자료에 나왔던 별똥별을 직접 만들고 싶어함. 이에 별똥별을 만들기 원하는 유아들이 소집단을 구성하여 별똥별을 만들기 위한 계획을 세움. 소집단활동 시, 교사는 교실 각 공간별 특성에 대해 질문함으로써 유아들이 별똥별을 만들어 전시하기 위해 적절한 위치를 찾을 수 있도록 지원함. 또한 별똥별 모습의 특징을 함께 살펴봄으로써 적절한 재료와 방법에 대해 생각해볼 수 있도록 함. 1차 토의 결과, 유아들은 진달래반 캠핑장 중 누워서 하늘을 보며 쉴 수 있는 공간에 별똥별을 만들기로 결정하고, 반짝이는 별똥별을 표현하기에 적절한 재료와 방법에 대해서는 조금 더 찾아보기로 함. 교사는 재료와 방법에 대해 함께 고민하는 동시에 소집단에 속한 유아들이 보이는 흥미(예: 평소 그림 그리기를 어려워하여 꾸미기 재료를 붙이는 조형활동을 즐기는 유아, 과학 실험을 즐기는 유아 등), 발달(예: 또래에 비해 정교하게 소근육을 활용하는 연습이 필요한 유아 등), 또래관계(예: 단짝 친구를 제외한 다른 유아들과의 상호작용을 어려워하는 유아 등)를 염두에 두며 구체적인 실행방안에 대해 유아들과 협의함. 여러 차례의 실험과 협의 결과, 천장의 뚫린 공간에서 들어오는 빛이 유아가 입고 있던 옷의 스팽글에 반사되는 점에 착안하여 거울 스티커, 구형 한지등, 천을 활용하여 별똥별을 만들어 놀이공간을 꾸밈

(3) 놀이 확장하기

- 유아들은 자신들의 의견이 반영되고 실현된 놀이 공간에서 몰입하여 놀이함. 또한 소집단활동 실시 후에는 놀이에 대한 유아들 간 의견 교환이 보다 활발히 일어났으며, 이를 토대로 놀이 공간을 끊임없이 재창조하며 놀이하는 모습을 보임

- 교사는 유아들의 다양한 시도 및 유아 간 활발한 의견 교환을 격려, 지지하거나 필요한 재료 또는 정보를 제공하는 역할을 수행함으로써 유아들의 놀이를 지원함

예시

블록을 보관하던 장이 배(왼쪽 1번째 사진)가 되며 새로운 캠핑 공간이 생겨남. 유아들은 '바닷가에서의 캠핑'에 어울리는 소품을 만들어 놀이함(예: 해파리 만들기 및 해파리로 요리하기–왼쪽 2번째, 3번째 사진). 이후 바닷가에서의 캠핑에 어울리는 배경을 함께 꾸미면 좋겠다는 의견을 바탕으로 관련 소집단활동을 실시(오른쪽 사진), 환경을 구성하고 놀이함(예: 낚시놀이하기 – 왼쪽 4번째 사진)

예시

주말동안 캠핑을 다녀온 유아가 실제 캠핑장에는 안내지도가 있다며, 진달래반에도 진달래반만의 캠핑장 지도가 있으면 좋겠다고 이야기함. 우선 교사는 간단한 교실 지도를 만들어 보물찾기 게임을 실시해 봄으로써 관련된 유아들의 발달수준 및 경험을 확인함. 이를 토대로 진달래반 캠핑장 지도를 만들 수 있도록 지원하고 결과물을 교실 입구에 게시함. 게시된 진달래반 캠핑장 지도를 보고 다른 반 유아들이 진달래반 캠핑장에 놀러와 함께 놀이함

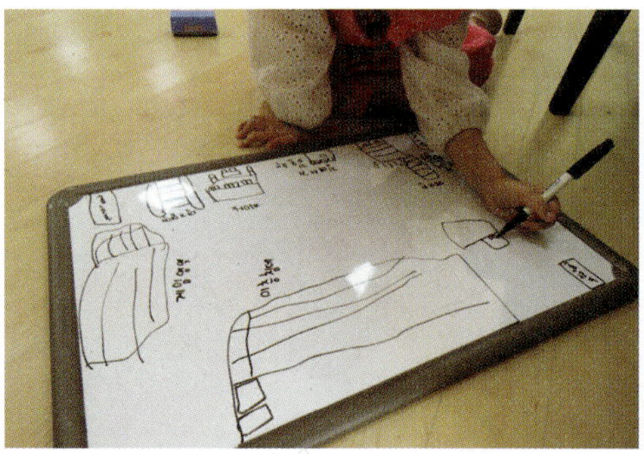

2) 자유놀이와 [유아의 배움를 지원하기 위한] 대소집단활동의 조화

: 2020 교육과정 운영사례 - 시기별 주제를 중심으로

2020학년도 만 5세 연간교육계획안

만 5세 교육과정은 의사소통영역, 자연탐구영역에 중점을 두되 자연 및 사회 현상의 탐구와 표현을 강조하여 운영할 계획임. 이 과정에서 특히 유아들의 읽기와 쓰기를 위한 문해 능력 발달, 수학 능력 발달, 과학 · 사회에 대한 탐구 능력 발달을 위한 지도에 노력을 기울일 것임. 또한 시기별로 융통성 있는 교육과정을 계획하여 아래의 표와 같이 학기 초에는 사회관계, 학년 말에는 문해와 수 · 과학 · 사회의 초등학교 연계에 중점을 두어 운영하고자 함

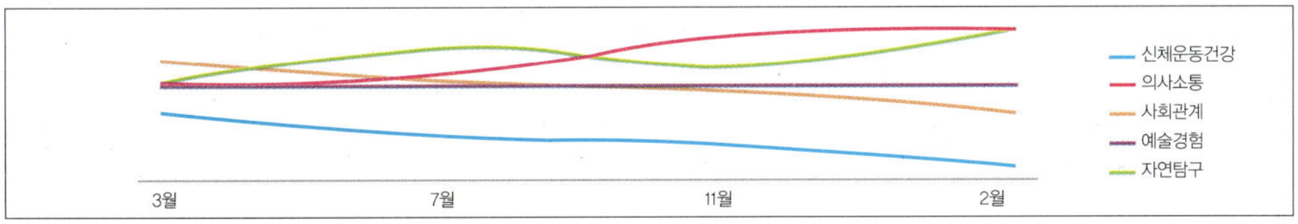

- 1 학 기 -

전년도 평가 및 2020학년도 계획	월	주	주 제	행 사
▶학기 초에는 '즐거운 유치원' 주제를 통해 새로운 학급과 유치원 생활에의 적응을 지원하고자 함. 적응기간 동안 교사는 유아들의 흥미와 발달을 면밀히 파악하여 이를 토대로 관련 주제를 심화 확장하여 교육과정을 운영하고자 함. 만 5세는 이전 연령에 비해 관계를 맺는 사회의 범위가 확장되고, 성인의 도움 없이 스스로 관계를 형성해 나가는 시기이므로 사회구성원으로서 더불어 살아가는 태도와 역량을 기르는 사회관계영역에 중점을 두어 학기 초 교육과정을 운영하고자 함	'20 3	2 3 4 5	즐거운 유치원	9(월) 2020학년도 1학기 개학일 16(월) 1학기 그림책 대여 프로그램 시작 18(수) 어린이예배 시작 20(금) 집단면담(원아 수업 없음) 31(화) 이화유치원 형 · 동생 인사나누기 소방대피훈련
	4	1 2 3 4 5 /1	봄	1(수) 이화여대 유아교육과 교육실습 시작 8(수) 부모회 8(수)~9(목) 부모수업참관 8(수)~13(월) 부활절 활동 13(월) 부활절예배 15(수) 제21대 국회의원선거일 17(금) 현장학습(교내) 25(토) 아버지참여일 29(수) 이화여대 유아교육과 교육실습 종료 30(목) 석가탄신일 이화여대 교정 야외학습 소방대피훈련
▶'계절' 주제는 예년과 동일하게 계절적 특징이 잘 나타나는 시기에 진행할 것임. 유아들이 계절의 변화를 인식하고 자연 현상에 대해 관심을 가지고 탐구하며 자연친화적인 성향을 기를 수 있도록 지원하고자 함. 또한 계절에 따른 질병이나 안전사고를 스스로 예방할 수 있도록 안전교육을 지속적으로 병행할 것임	5	2 3 4 5 /1	봄	1(금) 자율휴업일 4(월) 자율휴업일 5(화) 어린이날 14(목)~15(금) 부모수업참관(급식) 20(수)~21(목) 구강검진(예정) 31(일) 이화여자대학교 창립기념일 재난대응 안전한국훈련 이화여대 교정 야외학습
	6	2 3 4 5	**즐거운 유치원** **나와 친구** 여름	1(월)~30(화) 교사 동료장학 및 연구의 달 6(토) 현충일 17(수) 부모회(학급별 연구수업 보고) 소방대피훈련 이화여대 기관 견학
	7	1 2 3	**이야기** **여름**	3(금) 1학기 그림책 대여 프로그램 종료 7(화)~10(금) 제1차 부모 · 교사 개인면담(오후) 17(금) 2020학년도 1학기 종업일 소방대피훈련

■ 2020학년도는 코로나19로 교육과정을 운영함에 있어 다양한 변수(예: 학교 내 사회적 거리두기로 인한 일과 시간 및 방법 변동, 등교/원격수업 병행 실시, 거리두기단계 상향으로 전면 원격수업으로 전환 등)가 있었음. 이러한 상황에서 2019 개정 누리과정의 핵심인 유아 · 놀이중심의 교육과정을 운영하기 위해서는 교사의 새로운 고민과 노력이 필요함. 본 사례는 코로나 상황에서 유아의 흥미, 발달 등을 고려하여 선정한 주제를 중심으로 자유놀이와 대소집단활동을 운영한 내용을 소개함.

– 2 학 기 –

전년도 평가 및 2020학년도 계획	월	주	주 제	행 사
▶2학기 재적응 이후에는 추석 및 가을놀이마당과 관련한 교육활동이 진행될 예정임. '우리나라' 주제는 삭제하였으나 만 5세라는 점을 고려하여 유아들이 대한민국 국민으로서 기본적으로 알아야 할 우리나라의 상징과 문화에 대해서는 관심을 가지고 알아볼 수 있도록 지원하고자 함	8 · 9	5 1 2 3 4 5	이야기 여름 우리	8/24(월) 2020학년도 2학기 개학일 2학기 그림책 대여 프로그램 시작 9/2(수) 부모회 25(금) 가을놀이마당 28(월)~29(화) 추석 활동 30(수)~10/2(금) 추석 연휴 소방대피훈련
▶1학기의 경험을 바탕으로 2학기에는 유아들이 보다 주도적으로 교육과정 운영에 참여할 수 있도록 지원하고자 함. 이와 더불어 학급 또는 유치원, 나아가 사회에서 일어나는 여러 가지 상황에 대해 관심을 가지고 참여하는 경험을 통해 유아들이 자신의 일을 스스로 해결하는 기초 능력을 기르고, 협력하여 문제를 해결하는 경험을 통해서는 민주시민의 기초를 형성할 수 있도록 지원할 것임	10	/1 2 3 4 5	우리 가을	2(금) 이화유치원 창립 106주년 기념일(휴원) 3(토) 개천절 7(수) 졸업사진첩용 개인/단체사진 촬영 9(금) 한글날 15(목) 현장학습(노을공원) 소방대피훈련 이화여대 교정 야외학습
	11	1 2 3 4 5	우리 가을 우리의 이야기	9(월)~12(목) 제2차 부모 · 교사 개인면담(오후) 19(목) 추수감사예배 25(수) 김장 27(금) 2학기 그림책 대여 프로그램 종료 소방대피훈련
	12	/1 2 3	우리의 이야기 겨울 겨울	2(수) 부모회 어머니참여일 18(금) 성탄축하회 종업일 소방대피훈련
▶초등학교 진학과 관련하여 예년과 동일하게 졸업 전 관련 주제를 실행하고자 함. 이를 통해 유아들이 주도적으로 유치원 생활을 마무리하고 초등학교 입학 준비를 할 수 있도록 지원할 것임. 그중 일부 활동은 집단 또는 개별적으로 겨울방학 이전에 실시하여 유아들의 기초학습능력을 신장할 수 있도록 지원하고자 함	'21 1 · 2	5 /1 2 3	유치원 졸업과 초등학교 입학 **유치원 졸업과 초등학교 입학**	1/28(목) 개학일 2/11(목)~13(토) 설 연휴 15(월) 졸업식 예행연습 (귀가시간 12시) 16(화) 2020학년도 제106회 졸업식 소방대피훈련

(1) 주제 '즐거운 유치원'을 중심으로

- 코로나19로 인해 개학이 늦어지고 유치원 생활의 여러 가지 부분에 변화가 생김. 이에 다수가 재원생임에도 불구하고 충분한 적응 기간이 필요하다고 판단됨. 교사는 '즐거운 유치원' 주제를 선정하여 교육과정을 운영함으로써 코로나 상황에서 유아들의 안전을 보장하는 동시에 새로운 학급과 유치원 생활에 대한 적응을 지원하고자 함.

- 교육부의 밀집도 1/3원칙에 따라 분반으로 등원하여 학급당 소수 인원만이 함께 생활함. 이 마저도 코로나19에 대한 우려로 장기간 등원하지 않거나 간식 후 등원하여 점심 전 하원하는 유아들로 인해 학급 구성원 간 친밀감을 형성할 기회가 매우 제한됨. 이에 만 5세임에도 불구하고 학기 초 적응 기간이 교사의 예상보다 장기화되었으며 특히 학급 구성원 간 관계 형성에 어려움을 겪는 유아들이 다수 관찰됨

- 새 학급에의 적응과 교우관계 형성 및 확장 기회를 제공하는 데 중점을 두고 유아들의 발달, 성향, 흥미를 보다 면밀하게 관찰하며 놀이를 지원함
- 대소집단활동으로는 '이야기 나누기–코로나19 예방수칙'과 같은 안전교육, '이야기 나누기–점심 먹는 방법'과 같이 코로나로 인해 변화된 유치원 생활에 대해 안내하는 활동, '동화–진정한 일곱살' 또는 '노래–나는 너에 대해 알고 싶어'와 같이 새로운 학급 생활에 대한 적응 및 기대감을 지원하는 것 위주로 실시함. 즉 상황과 시기에 따른 유아의 배움이 반드시 필요한 활동을 실시함

- 한 달 정도의 시간이 흘러 코로나 상황의 유치원 생활에 대한 적응이 이루어지자 긴급돌봄을 신청하는 유아들이 점차 많아져 다수의 유아들이 함께 생활함. 이에 같은 학급이나 다른 분반이던 유아들이 함께 지내게 되며 다시 한번 새로운 관계형성에 대한 지원이 필요해짐

- 등원 시에는 놀이와 대소집단활동을 통해 유아들 간의 관계형성을 지원함. 또한 코로나로 인한 유치원 일과 운영의 여러 가지 제한점을 원격수업으로 보완하고, 이를 등교수업과 긴밀하게 연계함으로써 유아들의 배움을 지원하고자 노력함

예시

코로나로 인해 유치원에서 요리 활동을 실시하는 데 어려움이 있는 가운데 등교수업에서 보이는 유아들의 흥미와 발달(예: 음식 만들어 놀이하기를 즐김, 글자에 대한 관심이 높음, 친구에 대한 관심은 있으나 친구의 이름을 모르는 유아가 많음 등)을 토대로 원격수업으로 요리 '파이 만들기'(오른쪽 1번째 사진)와 놀이 '초대장 만들기'(왼쪽 1번째 사진)를 안내함. 등교수업 시에는 '게임–친구 수수께끼 알아맞히기'(오른쪽 2번째 사진)를 통해 친구의 이름과 특징을 익히는 기회를 제공함. 이후 실내자유놀이 시간 유아들은 게임 자료를 활용하여 놀이(왼쪽 2번째 사진)하며 새로운 또래관계를 형성해 나감

(2) 주제 '이야기'를 중심으로

- '즐거운 유치원', '나와 친구' 주제가 진행되던 시기의 놀이, 대소집단활동을 통해 유아들은 친구와 함께하는 즐거움을 경험하며 학급 및 유치원 생활에 적응하고 교우관계를 형성, 확장해 감. 그 가운데 자유놀이 시 다양한 방법으로 이야기를 구성하여 놀이하기(예: 다양한 소품을 활용한 인형놀이–왼쪽 1번째 사진, 이야기책 만들기–왼쪽 2번째 사진, 구연동화 놀이–왼쪽 3번째 사진)와 주의집중 활동 시 짧은 글짓기 활동에 대한 높은 흥미를 보임. 이에 교사는 '이야기'라는 공통점을 주제로 선정하고 이를 통해 유아들의 놀이와 배움을 지원하고자 함.

- 분반 등교수업으로 인해 유아들의 놀이 양상이 매우 다양하게 나타남. 이를 적절하게 지원하기 위해서는 보다 면밀한 관찰이 필요함

- 각각의 놀이 자체를 지원하기보다 '이야기'라는 공통된 흥미를 토대로 유아들의 배움을 지원하고자 함

예시

원격수업으로 글 없는 그림책을 활용한 이야기 짓기 활동 및 놀이를 안내함. 등교수업 시에는 '동화–하나라도 백 개인 사과', '동화–늑대가 들려주는 아기 돼지 삼형제' 등을 통해 책과 이야기를 즐기는 태도와 더불어 놀이 및 또래관계에 필요한 다양한 관점에서 생각하는 태도를 기를 수 있도록 지원함

(3) 주제 '우리'를 중심으로

<table>
<tr><td colspan="3">만 5세 진달래반 주간교육계획안
2020학년도 9월 4주</td><td colspan="2">만 5세지만 다시 시작된 유치원 생활에 재적응하는 기간을 충분히 가질
와 관련하여 유치원 생활 속 거리두기, 마스크 착용하기, 손 씻기 등과
※수도권 내 코로나19 상황으로 인해 9/21~10/9까지 1/3 등교수업 및
교수업일 외에는 가정에서 원격수업으로 대체하여 실시함 – 주간교</td></tr>
<tr><td colspan="2">주 제</td><td colspan="2">[유아] 다시 시작하는 유치원 생활 ⟶ 우 리 [교사] ⟵ 재적응 ⟵ 또래관계 ⟵ 만 5세</td><td>누리과정 영역 및 내용: [신] 신체운동 · 건강
[의] 의사소통
[사] 사회관계
[예] 예술경험
[자] 자연탐구</td></tr>
<tr><td colspan="2">요일/날짜
활동</td><td>월(21일)</td><td>화(22일)</td><td>수(23일</td></tr>
<tr><td colspan="2">자유놀이</td><td colspan="3">[놀이]
– 2020학년도 1학기 교육과정, 2019학년도 2학기 교육과정 등을 참고하여 유아들의 자유놀이를 지원하기 위한 환경을 충분히 계획하여 등교수업에서만 경험할 수 있는 또래관계 형성을 지원하고자 함
– 유아들의 놀이에 대한 관찰을 토대로 놀이에 필요한 공간 및 준비물에 대해 이야기를 나누고 수정하기

[실내환경]
• 쌓기놀이: 블록(종이벽돌블록, 레고블록, 와플블록, 건축물블록 등), 소품 등으로 구성물 만들어 놀이하기
• 역할놀이: 자연물(나무조각, 돌 등), 생활소품(단추, 구슬, 끈, 커피캡슐, 고리 등) 조리도구, 식기 등을 활용한 놀이상황
• 언어: 듣기/말하기/읽기(그림책 『숲속 재봉사의 꽃잎 드레스』, 『꽁꽁꽁』, 『나는 이야기 입니다』 등), 쓰기(필기도구, 사진
• 수 · 조작놀이: 그룹게임교구(과일 수확하기, 길 만들어 구슬 굴리기 등), 입체퍼즐, 종이퍼즐 등으로 놀이하기
• 미술: 지류(크래프트지, 켄트지, 색상지, 색종이 등), 채색도구(물감, 세필색연필, 파스텔, 크레용 등), 재활용품 등 활용
• 음률: 악기(캐스터네츠, 마라카스, 트라이앵글, 막대탬버린 등) 소리 탐색하고 연주하기 및 감상하기

[실외환경]
• 만 4 · 5세 종합놀이터: 미끄럼틀 타기, 줄잡고 오르기, 암벽 등반하기, 터널 기어서 통과하기, 그물다리 · 흔들다리 건너
• 대근육기구: 그네타기, 네스팅브릿지 오르내리기, 유니바 뛰어넘기 등 • 정자: 휴식하기, 그림책 보기
• 모래놀이터: 모래놀이도구(여러 가지 크기의 삽, 그릇, 체, 물뿌리개, 자동차 등), 자연물(꽃, 씨앗, 나뭇잎, 열매 등) 활용</td></tr>
<tr><td rowspan="7">대 · 소 집 단 활 동</td><td>이야기 나누기</td><td>• 인사 나누기</td><td></td><td></td></tr>
<tr><td>동화 · 동극 · 동시</td><td></td><td>• 더도말고 덜도말고 한가위만 같아라(PPT동화)※</td><td>• 나는 이야기입니다(PPT</td></tr>
<tr><td>미 술</td><td>• 생일축하 그림 그리기</td><td></td><td></td></tr>
<tr><td>음 악</td><td></td><td></td><td></td></tr>
<tr><td>율동 · 신체활동</td><td></td><td></td><td>• 반환점 돌아오기(신체활</td></tr>
<tr><td>게 임</td><td></td><td>• 같은 그림 찾기※</td><td></td></tr>
<tr><td>전이 · 주의집중</td><td>• 배운 노래 부르기</td><td></td><td>• 수수께끼 알아맞히기</td></tr>
<tr><td colspan="2">간 식</td><td>• 호박설기1/2, 우유</td><td>• 미니크로와상1, 우유</td><td>• 유기농시리얼, 우유</td></tr>
<tr><td colspan="2">급 식</td><td>• 찰기장밥, 근대된장국, 돈육찹스테이크, 숙주나물, 배추김치/방울토마토</td><td>• 서리태콩밥, 미역된장국, 연어조림, 청경채나물, 깍두기, 김구이/파인애플</td><td>• 소고기곤드레밥, 양념장
구이, 뱅어포튀각, 오이</td></tr>
<tr><td colspan="2">귀가지도</td><td>• 일과 회상하기
• 코로나19 예방수칙 알고 지키기</td><td></td><td>• 내일은 졸업사진첩용 사
한 복장으로 늦지 않게
• 가정통신문, 실내화가방</td></tr>
<tr><td colspan="2">교육행사 · 학사일정</td><td>※A모둠 등교수업일(B모둠 원격수업)</td><td>※B모둠 등교수업일(A모둠 원격수업)</td><td>※A모둠 등교수업일(B모둠</td></tr>
</table>

■ 2학기 개학 직후 코로나19 상황이 악화되어 전면 원격수업으로 전환됨. 교사는 코로나 상황에서 학교의 의미에 대해 생각하며, 얼마 남지 않은 유치원 생활 동안 만 5세 수준에서 경험해야 할 배움이 충실하게 이루어지도록 교육과정 운영 방안을 고민함. 그 결과 '우리' 주제를 선정하고, 놀이 및 대소집단활동을 통해 유아들이 더불어 살아가는 역량을 기를 수 있도록 지원하고자 함.

예시①
9월 4주

l에 얼마 남지 않은 유치원 생활동안 만 5세 수준에서 경험해야 할 다양한 놀이와 활동을 통해 유아기 역량 신장을 지원하고자 함. 한편 코로나19 건강 · 위생을 위한 안내는 지속적으로 실시할 것이며 유아들이 건강한 생활습관을 기를 수 있도록 지원할 것임 행이 이루어짐. 본원은 학부모 의견 수렴 및 학교운영위원회의 결정에 따라 방역수칙을 철저히 준수하며 주 2회(월 · 수/화 · 목) 등교하기로 함. 등 9/21부로 새롭게 구성된 A모둠의 등교수업일을 기준으로 작성되었으며 원격수업내용은 '※'표시로 표기함			
l체활동 즐기기 기와 말하기 불어 생활하기 름다움 찾아보기 연과 더불어 살기	목 표	신체 움직임을 조절하는 능력을 기른다. 다른 사람의 이야기를 주의 깊게 듣는 태도를 형성한다. 다른 사람과 도움을 주고받으며 협력하는 태도를 기른다. 자연과 생활에서 아름다움을 느끼고 즐기는 태도를 형성한다. 날씨에 따른 자연의 변화에 관심을 갖고 탐구하기를 즐긴다.	
	목(24일)	금(25일)	평가
아들의 발달, 성향, 흥미 등을 지속적으로 관찰하며 재적응 및 놀이를 지원하고자 함. 특히 놀이 시간을			
격할에 맞게 놀이하기 하기, 이름카드 하기			
하기 등			
		• 한복※	
		• 한복 꾸미기※	
	• 우리 가족 주사위 만들기※		
	• 소보로빵, 우유	• 찹쌀유과2, 우유	
국, 두부 위	• 찰흑미밥, 갈비탕, 채소달걀말이, 연근조림, 열무김치/오렌지	• 귀리밥, 떡만두국, 닭강정, 미역줄기볶음, 알타리김치/포도	
함. 단정 기			
	※B모둠 등교수업일(A모둠 원격수업) ※졸업사진첩용 개인/단체사진 촬영	※A • B모둠 원격수업일(긴급돌봄만 운영)	

9월 4주는 한 달여 간의 전면 원격 이후 다시 유치원 생활을 시작하는 시기이자, 졸업사진촬영이 예정되어 있었음. 시기적 상황 때문에 교사는 코로나19로 학급 구성원이 함께 했던 절대적 시간이 짧았으며, 안전을 위해 여러 부분에서 유치원 생활이 제한되었다는 아쉬움을 느낌. 이에 남은 유치원 생활을 보다 의미 있게 보낼 수 있도록 교육과정을 운영하고자 노력함. 이를 위해 놀이의 경우, 일과 중 놀이 시간을 보다 충분히 마련함으로써 등교수업에서만 경험할 수 있는 관계의 소중함과 즐거움을 지원하고자 함. 대소집단활동의 경우, 유아의 발달과 흥미와 더불어 시기적(만 5세 2학기: 유치원 생활이 얼마 남지 않음 등), 사회적(코로나19: 서로를 위해 방역수칙을 잘 지켜야 함 등), 문화적(추석: 더불어 살아가는 것을 중시한 우리 문화 등) 상황을 고려한 활동을 통해 유아가 더불어 살아가는 역량을 기를 수 있도록 지원하고자 함

- 2학기 개학 이후에도 '이야기'에 대한 유아들의 흥미가 지속됨. 그러나 릴레이로 긴 이야기 책 만들기(왼쪽 1번째 사진), 이야기에 필요한 주인공과 소품 직접 만들어 놀이하기(왼쪽 2, 3번째 사진) 등 1학기에 비해 놀이과정에서 유아들 간의 협력과 주도성이 두드러지게 향상된 모습이 관찰됨

- 놀이와 연계하여 유아의 배움을 지원하기 위해 다음의 대소집단활동을 실시함. 놀이 시 관찰된 유아들의 모습에서 착안해 기존에 계획한 '신체활동–반환점 돌아오기' 대신 '신체활동–릴레이 달리기'(오른쪽 1번째 사진)를 실시하여 협력의 즐거움을 경험할 수 있도록 지원함. '동화–나는 이야기입니다'(오른쪽 2번째 사진), '이야기 나누기–졸업사진 촬영'을 통해서는 이야기책 만들기를 비롯한 관련 유아들의 놀이를 인정, 격려하는 동시에 소중한 것을 기록하는 의미에 대해 이야기 나누는 시간을 가짐

만 5세 진달래반 주간교육계획안 2020학년도 10월 4주	등원이 안정화되며 유아들 또한 이전에 비해 안정적인 교우관계를 보이 하는 동시에 학급, 유치원, 나아가 사회의 구성원으로서 더불어 살아가는 있는 교육활동을 실시하고자 함 ※10/11부로 사회적 거리두기가 1단계로 하향 조정되고 수도권 지역 초등

주 제	[유아] 친 구 ⟶ 우 리	[교사] ⟵ 또래관계 ⟵ 만 5세 역량	누리과정 영역 및 내용	[신] 신체운동 · 건강 [의] 의사소통 [사] 사회관계 [예] 예술경험 [자] 자연탐구

활동 \ 요일/날짜		월(21일)	화(22일)	수(23일
자유놀이		[놀이] • 인형극 놀이 1 – 긴급돌봄 기간에 화이트보드를 활용하여 인형극 놀이가 활발히 이루어졌었음. 2 지난주 초부터 몇몇 유아들이 이를 한꺼번에 인형극 놀이를 하기 원하며 놀이 시 여러 가지 갈등상황이 발생하고 있음. 유아들의 놀이에 대한 면밀한 께 공연할 수 있는 공간 부족 등)을 주체적으로 해결할 수 있도록 지원하고자 함 – 필요한 공간 및 준비물에 대해 이야기를 나누고 수정하기		
		[실내환경] • 쌓기놀이: 블록(종이벽돌블록, 레고블록, 와플블록, 건축물블록 등), 소품 등으로 구성물 만들어 놀이하기 • 역할놀이: 자연물(나무조각, 돌 등), 생활소품(단추, 구슬, 끈, 커피캡슐, 고리 등) 조리도구, 식기 등을 활용한 놀이상황 • 언어: 듣기/말하기/읽기(그림책『나는 이야기입니다』,『중요한 사실』,『일년에 아홉 마리 어흥어흥』 등), 쓰기(필기도구, • 수 · 조작놀이: 그룹게임교구(조각보 모으기, 글자 젠가 등), 입체퍼즐, 종이퍼즐 등으로 놀이하기 • 미술: 지류(크래프트지, 켄트지, 색상지, 색종이 등), 채색도구(물감, 세필색연필, 파스텔, 크레용 등), 재활용품 등 활용하 • 음률: 악기(캐스터네츠, 마라카스, 트라이앵글, 막대탬버린 등) 소리 탐색하고 연주하기 및 감상하기		
		[실외환경] • 만 4 · 5세 종합놀이터: 미끄럼틀 타기, 줄잡고 오르기, 암벽 등반하기, 터널 기어서 통과하기, 그물다리 · 흔들다리 건너 • 대근육기구: 그네타기, 네스팅브릿지 오르내리기, 유니바 뛰어넘기 등 • 정자: 휴식하기, 그림책 보기 • 모래놀이터: 모래놀이도구(여러 가지 크기의 삽, 그릇, 체, 물뿌리개, 자동차 등), 자연물(꽃, 씨앗, 나뭇잎, 열매 등) 활용		
대 · 소집단활동	이야기 나누기	• 진달래반 인형극장		
	동화 · 동극 · 동시		• 친해진 벚꽃반의 동물 친구들(PPT동화)	
	미 술			
	음 악			
	율동 · 신체활동			
	게 임			• 공 굴려 목표물 맞추기
	전이 · 주의집중	• 배운 노래 부르기	• 스무고개	• 간단한 수 덧셈하기
간 식		• 떠먹는 두부1, 양념장	• 당근머핀1, 우유	• 곡물뮤즐리, 우유
급 식		• 찰기장밥, 시래기된장국, 돈육수육, 쌈장, 상추, 무나물, 배추김치/포도	• 찰흑미밥, 콩나물김치국, 가자미구이, 연근조림, 깍두기, 김구이/메론	• 소고기양파덮밥, 감잣국 조림, 야채튀김, 배추김치
귀가지도		• 일과 회상하기 • 일교차가 큰 환절기에 건강관리 잘하기	• 일과 평가하기 • 귀가 후 몸 깨끗이 씻고 푹 쉬기	• 일과 평가하기 • 코로나19 예방수칙 기억
교육행사 · 학사일정				

예시②
10월 4주

여전히 크고 작은 갈등이 발생하고 있음. 유아들의 교우관계를 세심히 관찰하며 적절한 도움을 제공함으로써 유아들이 긍정적인 교우관계를 형성를 수 있도록 지원하고자 함. 이를 위해 이번 주에도 '우리' 주제를 지속하며 학급의 공통 문제를 해결하거나 협력의 즐거움과 소중함을 경험할 수

등교에 따라 본원도 10/19(월)부터 전체 등교를 실시함. 원격수업은 별도로 실시하지 않음

강하게 생활하기 기와 말하기 불어 생활하기 름다움 찾아보기 연과 더불어 살기	목 표	환절기 날씨의 특징을 알고, 건강하게 생활하기 위한 방법을 실천한다. 다른 사람의 이야기를 주의 깊게 듣는 태도를 형성한다. 다른 사람과 도움을 주고받으며 협력하는 태도를 기른다. 자연과 생활에서 아름다움을 느끼고 즐기는 태도를 형성한다. 날씨에 따른 자연의 변화에 관심을 갖고 탐구하기를 즐긴다.

	목(24일)	금(25일)	평가
연하며 여러 소품을 활용한 인형극 놀이가 다시 시작됨. 그러나 전원아 등원 상황에서 많은 유아들이 로 놀이에서 발생하는 갈등 및 문제상황(예: 다수의 어린이들 간의 의견 교환이 어려움, 여러 명이 함			
할에 맞게 놀이하기 이하기, 이름카드 기			
기 등			
	• 반석 위의 집(찬양)	• 리듬카드 보며 협주하기 (악기연주)	
	• 초성보고 글자 완성하기	• 리듬에 맞춰 손뼉치기	
	• 소고기떡볶이5, 우유	• 현미스낵3, 우유	
채첩	• 발아현미밥, 닭곰탕, 베이컨감자볶음, 도토리묵김가루무침, 열무김치/사과	• 찰보리밥, 조랭이떡국, 돈육곤약장조림, 콩자반, 알타리김치, 김구이/방울토마토	
기	• 예배 말씀 기억하고 실천하기 • 장 앞에서 겉옷 바르게 입고 준비하기	• 실내화 가져가기 • 주말 동안 안전하고 건강하게 보내기	
	※예배		

1

2

- 등원이 정상화되며 교우관계가 안정적으로 형성됨. 그러나 동시에 또래관계가 확장되며 평소 놀이하지 않던 유아들 간의 상호작용 빈도가 높아지고, 함께 놀이하는 인원수가 많아지자 또 다른 양상의 갈등이 발생함. 교사는 다음과 같은 대소집단활동을 통해 유아들이 긍정적인 교우관계를 형성하고, 더불어 살아가는 태도와 역량을 기를 수 있도록 지원함.

활동명/활동 (목표 및) 내용
[사 2-3] 친구들과 협력하여 문제를 해결하는 능력을 기른다. • 긴급돌봄기간에 화이트보드를 활용하여 인형극 놀이가 활발히 이루어졌었음. 최근 몇몇 유아들이 이를 기억하고 재연하며 여러 소품을 활용한 인형극 놀이가 다시 시작됨. 그러나 전원아 등원 상황에서 많은 유아들이 한꺼번에 인형극 놀이를 하기 원하며 놀이 시 여러 가지 갈등상황이 발생하고 있음. 만 5세 시기인 점을 고려하여 놀이에서 발생하는 갈등 및 문제상황(예: 다수의 어린이들 간의 의견 교환이 어려움, 여러 명이 함께 공연할 수 있는 공간 부족 등)을 주체적으로 해결할 수 있도록 지원하고자 함
◎ 이야기 나누기 '진달래반 인형극장' • 자리정돈 및 주의집중: 배운 노래 부르기 • 활동 소개하기 – 많은 어린이들이 진달래반 인형극장에서 놀이하기 원함. 하지만 크고 작은 여러 문제가 발생함. 이에 지난 한 주간 진달래반 인형극장에서 놀이해 보며 불편했던 점을 스스로 해결해보려고 노력하되, 함께 이야기할 점이 있다면 다시 이야기 해보기로 함 • 불편했던 점과 문제해결 방안에 대해 이야기 나누기 – 어떤 점이 불편했나요? 어떻게 해결했나요? – 혹시 아직 해결되지 않은 문제가 있나요? 이 문제를 어떻게 해결할 수 있을까요?(유아 의견 듣기) – 해결방법을 실천하기 위해서는 어떤 것들이 필요할까요?

활동명/활동 (목표 및) 내용
[사 2-3] 친구와 갈등을 긍정적인 방법으로 해결하는 능력을 기른다. • 진달래반 어린이들이 놀이(특히 인형극 놀이) 시 직면하는 갈등상황(예: 다른 사람의 이야기를 듣지 않는 경우, 다른 사람의 마음을 상하게 하는 말을 하는 경우, 주제에 대한 의견이 좁혀지지 않아 놀이를 시작하지 못하는 경우 등)을 지원하기 위해 본 활동을 계획함
◎ PPT동화 '친해진 벚꽃반의 동물 친구들' • 자리정돈 및 주의집중: 스무고개 • 활동 소개하기 – 이전에 졸업한 무궁화반 형들의 인형극을 사진으로 찍어 만든 동화를 감상할 것임 – 제목은 '친해진 벚꽃반의 동물 친구들'임 • 동화 감상하기 • 동화 감상 후 이야기 나누기 – 어떤 내용의 인형극인가요? – 진달래반 어린이들도 비슷한 경험을 한 적이 있나요? 어떻게 해결했나요? – 진달래반 어린이들은 어떤 내용의 인형극을 해보고 싶나요?

활동명/활동 (목표 및) 내용
[예 2-2] 리듬에 맞추어 협주하는 경험을 갖는다. • 최근 자유놀이 시, 1학기에 비해 더 많은 수의 유아들이 함께 놀이함. 다수의 유아들이 함께 놀이하기 위해서는 적절하게 역할을 나누고 협력하는 것이 필요함. 이를 위해 1학기에 리듬에 맞춰 연주했던 경험을 활용하여 보다 발전된 형태로 악기별로 리듬을 나누고 협주하는 활동을 계획함. 본 활동을 통해 유아들은 다양한 형태의 협력(동일한 역할의 유아들 간, 다른 역할의 유아들 간)을 경험할 수 있을 것임
◎ 악기연주 '리듬카드 보며 협주하기' • 자리정돈 및 주의집중: 리듬에 맞춰 박수치기 • 악기 정하기 • 리듬카드 보며 연주하기 – 같은 리듬카드 보며 연주하기 • 리듬카드 보며 협주하기 – 각 악기마다 리듬카드 구성하기 – 자신이 가지고 있는 악기에 해당하는 리듬카드 보며 연주하기

- 인형극 놀이 외 다양한 놀이가 병행적으로 이루어짐. 유아들은 '놀이' 자체 보다는 함께 놀이하는 '친구'에 대한 관심이 높음

- 놀이상황에서 발생하는 문제를 유아들이 주체적으로 해결할 수 있도록 지원함. 이를 통해 만 5세 시기에 필요한 문제해결 능력을 기를 뿐 아니라 유아들이 보다 즐겁게 놀이함으로써 함께 놀이하는 친구들과 긍정적인 교우관계를 형성할 수 있도록 지원함

(4) 주제 '우리 이야기'를 중심으로

- 12월은 한 해를 마무리하는 달임. 이러한 시기적 특성을 바탕으로 진달래반 유아들이 흥미를 보이는 소재인 '이야기'에서 착안해 '우리' 주제를 '우리의 이야기'로 확장하여 선정함으로써 유아들이 지난 한 해를 돌아보며 다가오는 성탄절 및 연말을 의미 있게 보낼 수 있도록 지원하고자 함.

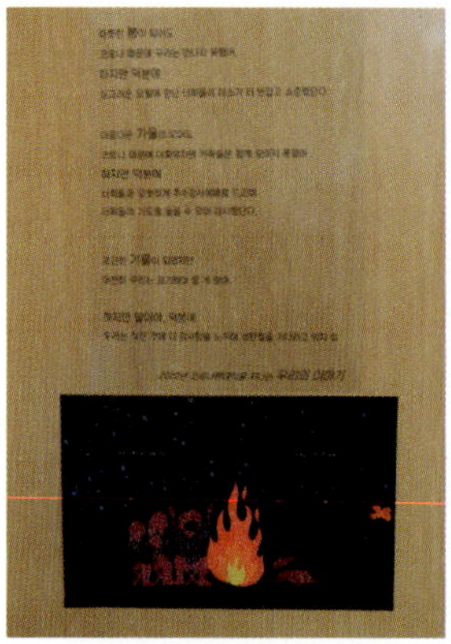

따뜻한 봄이 되어도
코로나 때문에 우리는 만나지 못했어.
하지만 덕분에
싱그러운 오월에 만난 너희들의 미소가 더 반갑고 소중했단다 .

아름다운 가을이 되어도
코로나 때문에 이화유치원 가족들은 함께 모이지 못했어 .
하지만 덕분에
너희들과 오붓하게 추수감사예배를 드리며
너희들의 기도를 들을 수 있어 감사했단다.

포근한 겨울이 되었지만
여전히 우리는 포기해야 할 게 많아.

하지만 말이야, 덕분에
우리는 작은 것에 더 감사함을 느끼며 성탄절을 기다리고 있지

2020년 코로나 팬데믹을 지나는 우리의 이야기

예시

11월 3주 추수감사예배 관련 교육활동을 통해 유아들과 한 해를 회상하고 학급 구성원들과 감사를 나눔. 특히 교사 및 유아들은 추수감사예배 때 서로의 감사 기도를 들으며 나와 친구, 그리고 일상의 소중함에 대해 느낄 수 있었음. 코로나19 상황이 다시 악화되는 가운데 교사는 진달래반 유아들이 이 마음을 간직하며 올 한 해를 마무리하길 바라며, 추수감사예배에서 나눈 유아별 기도 내용을 교실 벽면에 게시함. 이때 이전에 감상했던 '동화–나는 이야기입니다'의 장면 일부와 설명을 함께 게시해 줌으로써 유아들이 지난 1년간 '우리의 이야기'를 회상할 수 있도록 지원함

예시

위 게시물에 대한 관심은 교실의 다른 게시물에 대한 관심으로 이어짐. 조형작품을 보며 유아들은 작품을 함께 만들었던 지난 여름을 회상하며 이야기 나눔. 교사는 유아들 간 나눈 이야기와 유아가 교사에게 건넨 이야기("우리 여름에 처음 만났는데 벌써 우리가 헤어질 겨울이 와 버렸어요." 등)를 토대로 협동 미술 활동을 제안함. 함께 그림을 그리고, 완성한 그림의 제목을 협의하여 정하는 과정을 통해 유아들이 더불어 살아가는 역량의 기초가 되는 다른 사람과 이야기 나누는 능력을 기를 수 있도록 지원함

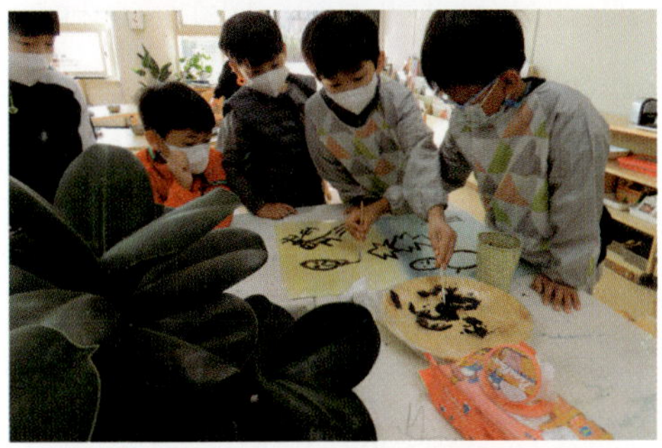

파도 스케이트장

파도 가열어서.
그래서 파도스케이트장이에요.

무더웠던 어느 여름날
진달래반 어린이들은 바다, 수영장, 모래사장 등을 떠올리며
여름으로 연상되는 색으로 작품을 만들었습니다.

가을이 되자
우리들 작품의
노랑계열은 익은 곡식과 은행잎을,
파랑계열은 높고 푸른 가을 하늘을 떠올리게 했답니다.

그리고 이제 어느덧 추운 겨울이 되었습니다.
이번엔 진달래반 어린이들은 겨울의 어떤 모습을
떠올렸을까요?

두 가지 사례에서 보듯, 놀이로부터 대소집단활동이 계획되기도 하고 대소집단활동을 통해 놀이가 촉발되기도 한다. 이를 바탕으로 '자유놀이와 대소집단활동의 조화'의 의미를 정리하면, 교육적으로 바람직한 방향성을 토대로 자유놀이와 대소집단활동이 상호영향을 주고 받으며 교육과정이 운영되는 것이라고 할 수 있다. 여기서 '교육적으로 바람직한 방향성'이란 단순히 유아의 흥미만을 무조건 쫓아가는 것이 아니라 교육기관답게 국가 수준 교육과정인 누리과정에 기반을 두어야 함을 의미한다.

'놀이와 교육의 조화: 유아교육자의 도전' 부분에서 언급되었듯이 진정으로 놀이, 배움, 가르침이 통합되기 위해서는 배움과 가르침이 교사와 유아가 공동으로 구성하는 과정임을 인식해야 한다. 놀이를 유아의 영역, 대소집단활동을 교사의 영역으로 구분하여 이 두 가지가 조화를 이루어야 한다는 것이 아니라, 놀이의 연속선에 대한 올바른 이해를 바탕으로 유아교육과정의 공동 구성자로서 유아의 역할을 존중하고 놀이와 배움을 지원하는 교사의 전문성이 놀이와 대소집단활동의 진정한 조화를 이끌어 낼 수 있을 것이다.

놀이, 배움, 가르침의 통합을 위한 유아교육 바로 알기

V. 놀이, 배움 가르침의 통합을 위한 유아 평가의 실제

1. 유아 평가

현장에서 이루어지고 있는 유아 평가의 실제는 매우 다양하다. 기관마다 자율적으로 유아 평가를 실시하고 있으며 그 목적과 방법 또한 다양하기 때문이다. 유아의 발달수준을 파악하기 위한 목적일 수도, 교육과정 운영을 위한 기초 자료이거나 학부모에게 공유하기 위한 자료 작성의 목적일 수 있다. 목적이 어떠하든 유아 평가는 효율적, 현실적인 방법으로 유아의 실제를 파악해 나가는 과정이어야 한다. 그래야 유아에게 적합한 성장과 배움의 지원이 이루어질 수 있고, 이를 토대로 교육과정을 운영하거나 학부모와 자료를 공유하는 데 실제적인 밑거름이 될 수 있다.

2019 개정 누리과정에서는 놀이 · 유아 중심의 교육과정을 운영하는 데 도움이 되는 방안으로 평가의 간략화와 기관의 자율적인 평가를 강조하고 있다(교육부 · 보건복지부, 2019). 교사 주도적인 활동과 놀이 계획을 세우다 보면 결과물을 통한 평가에 민감해질 수 있으며 업무 역시 가중될 수 있다. 평가라는 테두리에 얽매여 결과물을 만들어야 한다는 압박감을 내려놓고 유아의 소리에 귀 기울이며 놀이의 의미와 가치를 실현하길 바라는 메시지라 여겨진다.

개정 누리과정의 중점 방향에 따라 평가의 의미와 역할에 대해서도 숙고할 필요가 있다. 놀이 · 유아 중심의 교육과정에서는 유아가 놀이하며 배우는 자연스러운 상황에 대한 평가가 우선될 것을 제시하고 있다. 교사는 유아에게 '배움'이 이루어진 것인지에 대해 유아의 특성 및 변화 정도와 연계하여 판단할 수 있다(교

육부 · 보건복지부, 2019). 그렇다면 유아의 고유한 특성과 현재의 발달수준 등을 더욱 면밀히 알아갈 필요가 있을 것이다. 이를 토대로 유아의 모습이 어떻게 바뀌고 발달되었는지 그 변화의 정도를 파악할 수 있기 때문이다.

유아를 깊이 있게 알아가기 위한 평가의 방법은 구체적, 효율적이어야 하며 평가하고자 하는 내용에 따라서는 계획적일 필요도 있다. 유아교육기관의 일과는 변동성이 많으며 유아의 특성에 따라 교사의 지원이 집중되는 상황도 빈번하게 일어난다. 가령 유아의 특성에 따라 분리불안을 보이거나 놀이에 참여하기 어려워하는 경우 교사의 집중적인 지원이 필요하다. 반대로 놀이 참여에 과도하게 적극적인 유아를 기준 삼아 교사의 집중적인 지원이 이루어지기도 한다. 교사는 모든 유아들이 자신의 발달수준에 따라 놀이를 선택하고 주도적으로 배워 나갈 수 있도록 지원해야 한다. 이를 위해 학급의 모든 유아들을 적절하게 파악하고 지원해 나가고 있는지를 확인할 수 있는 지표가 필요하며 이것이 곧 놀이 · 유아 중심의 교육과정에서 필요로 하는 평가의 지침이 될 것이다.

본 장에서는 개정 누리과정의 방향에 따른 평가의 의미와 목적, 절차를 실제 사례를 통해 소개하고자 하며 현장에서 이미 해왔던 다양한 형태의 평가 방법을 본 기관의 평가 형식에 따라 서술해 보고자 한다.

[유아 평가의 의미와 목적]

유아 평가는 유아가 가지고 있는 고유의 특성을 이해하는 과정과 배움으로 인한 유아의 변화를 이해할 수 있는 과정을 의미한다. 평가는 유아의 행복과 전인적 발달을 지원하는 데 목적이 있다(교육부 · 보건복지부, 2019).

유아 고유의 특성 이해

성향과 기질이 어떠한가?
어떤 양육환경에서 성장했을까?

유아 변화의 이해

무엇을 경험하고 배웠을까?
무엇을 배워야 할까?

두 과정이 따로 이루어지기보다는 조화롭게 이루어질 때 유아의 성장과 배움을 지원할 수 있다. 교사는 유아의 성격이나 기질을 올바로 이해했을 때 그 유아에게 더욱 흥미롭고 적절한 방법으로 배움을 지원할 수 있다. 반대로 유아가 무엇을 경험하고 배웠는지 파악하는 과정에서 유아의 흥미나 욕구 등을 알아차리기도 한다. 교사는 이러한 과정을 지속해 나가며 유아에 대한 전인적 평가를 실현할 수 있을 것이다.

[유아 평가 내용의 기준]

유아에 대해 평가하고자 하는 내용은 개정 누리과정에 기초하며, 교사는 누리과정을 통해 유아가 무엇을 경험하고 배웠는지를 파악할 수 있다. 이것은 누리과정이 학습 성취 기준으로 활용되는 것을 의미하지 않는다. 유아의 정확한 전체의 모습을 알기 위해서는 모든 발달 영역에 따라 유아를 평가하고 관찰하는 것이 필요하다(최일선 · 조운주, 2020). 즉, 누리과정의 5개 영역 내용은 유아의 전인발달과 배움을 지원하는 데 나침반 역할을 할 수 있다. 간혹 유아의 흥미에 따라 5개 영역 중 특정 영역에 대하여 경험하지 못한 내용이 있다면 교사는 이를 적절히 지원해 줄 수 있을 것이다.

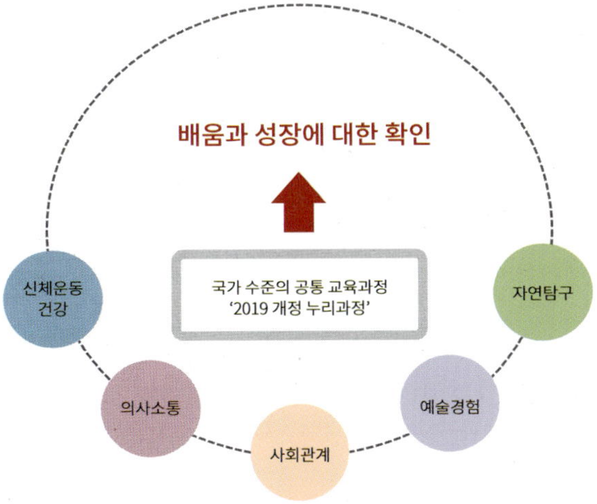

[유아 평가의 과정]

평가의 과정은 유아 고유의 특성을 파악하거나 변화를 이해하는 것으로 나눌 수 있으며 다음과 같은 질문으로 평가하고자 하는 내용을 정리하였다.

- ✔ 너는 어떤 어린이니? ⟵ 유아의 성격, 기질, 흥미 등
- ✔ 너는 어떤 것을 배워야 하니? ⟵ 지원 계획
- ✔ 너는 어떤 것을 경험하고 배웠니? ⟵ 경험과 배움의 결과

관찰하는 상황에 따라 평가의 과정이 달라질 수 있다. 유아의 성격과 기질을 파악하고 그에 필요한 지원 계획을 세우는 평가일 수도 있고, 지원 계획에 따라 유아에게 어떤 경험과 배움이 이루어졌는지 파악하는 평가일 수도 있다. 각각의 질문을 원형에 배치한 것은 평가의 과정에 따라 질문의 순서가 자유로울 수 있기 때문이다. 뒤에 나올 사례에서는 그림 속 이미지들을 활용하여 평가의 과정들을 소개하였다.

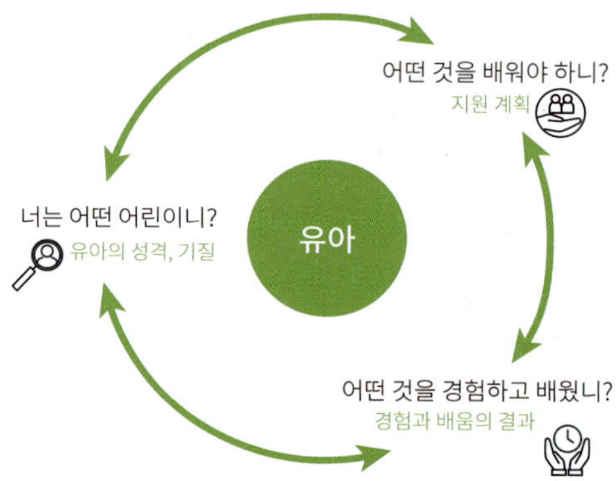

[유아 평가의 절차]

본 기관에서 실시하고 있는 유아 평가의 절차를 아래와 같이 분류하였다. 부여된 번호는 정해진 순서나 차례를 의미하는 것은 아니다.

1 사전정보 공유 및 파악하기

학부모와 유아에 대한 사전정보 공유
진급 준비 시 교사 간의 유아 정보 공유

2 관찰 및 지도하기

유아의 놀이, 배움, 가르침에 관한 관찰 및 기록

3 가정과 공유하기

교사와 학부모 간의
유아 성장과정 공유를 위한 면담

4 진급 준비하기

유아의 성향 및 성장에 관한 종합적인 분석

2. 유아 평가의 실제

유아 평가의 실제는 앞서 정리한 유아 평가의 절차에 따라 네 부분으로 나누어 설명하고자 한다. 기존의 평가 방법들을 개정 누리과정에 따라 효율적으로 활용할 수 있는 방법으로 수정 및 변경하였으며, 각각의 평가 방법이 담고 있는 교육적 의미를 함께 되짚어 보았다.

1) 사전정보 공유 및 파악하기

유아에 대한 사전정보를 공유하거나 파악하는 과정임. 교사가 유아에 대해 잘 모르는 부분이 있거나 파악이 필요한 시기에 할 수 있는 평가 방법이며 유아의 특성을 알아가는 데 중요한 시작점이 될 수 있음. 유아에 대해 잘 알고 있는 학부모 혹은 전년도 담임교사로부터 유아에 대한 기초 자료를 공유받고 파악해 나가기도 함.

(1) 학부모와 유아에 대한 정보 공유하기

대체로 학기 초에는 가정으로부터 유아의 발육과정이나 행동 특성, 양육환경과 같은 정보를 제공받고자 함. 아래의 형식은 본원에서 학기 초에 배부하고 있는 '어린이 개인 조사서'이며 기본 발육과정에서부터 학부모의 양육 방법에 이르기까지 유아에 관한 여러 정보를 체크할 수 있도록 되어 있음. 유아의 기본생활습관과 관련한 생활 태도를 파악하는 데 용이하며 발달의 변화를 확인할 수 있는 기초 자료로 활용할 수 있음.

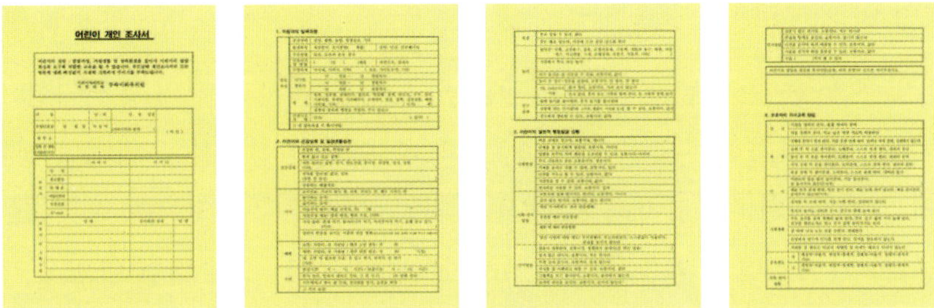
어린이 개인 조사서

어린이 개인조사서

(2) 전년도 담임교사와 유아 정보에 대해 공유하기

재원 유아의 경우 전년도 담임교사로부터 유아의 정보를 공유받을 수 있음. 본원에서는 아래와 같은 파일철에 유아에 관한 각종 기초 자료들을 누적하여 수합하고 진급 시 함께 전달함. 사진의 예시처럼 3년을 재원한 유아의 경우 동일한 파일에 이름표 역시 누적하여 부착하고 기관에 재원했던 모든 기간 동안의 자료를 보관함. 파일철에 들어가는 자료는 다음과 같음.

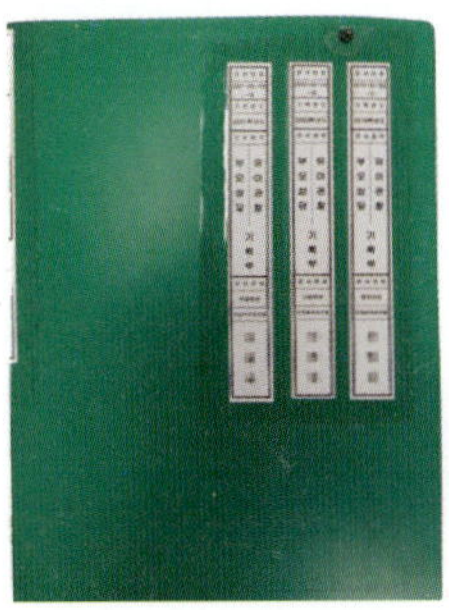

- 개인조사서
- 급식요구조사서
- 유아관찰기록서(교사용, 학부모용)
- 학부모 상담일지(수시)
- 면담일지

또한 교사 간의 유아 및 학부모에 관한 정보를 목록으로 정리하여 공유하기도 함. 정해진 형식이 있다기보다는 유아에 관한 전반적인 발달상황이나 성격, 학부모의 성향이나 양육방식 등을 자유롭게 기술하고 이것에 대해 교류하는 시간을 가짐. 이후에 유아에 대한 집중적인 지원이 필요할 경우 공유받았던 자료를 토대로 전년도 담임교사와 논의하기도 함.

2) 관찰 및 지도하기

'관찰 및 지도'는 일상생활, 대소집단활동, 놀이 안에서 유아의 유의미한 상황을 관찰, 기록하여 평가하는 것을 의미함. 일과 중에 어떤 상황을 유의미한 상황으로 볼 수 있는지 그 의미를 정리해 보고 유아 평가에 대한 구체적인 방법을 소개하고자 함. 다만 자연스럽게 관찰하고 평가하기 어려울 때는 의도적인 방법을 통해 유아 전체의 모습을 파악하는 것도 필요함. 이에 수행평가에 관한 내용도 함께 정리해 보고자 함. 관찰과 지도에 따른 평가는 궁극적으로 학급의 모든 유아들이 경험과 배움을 통해 전인 발달에 이룰 수 있도록 하는 데 의의가 있음.

(1) 유아의 일상생활, 대소집단활동, 놀이 등을 관찰하기

'유아 · 놀이중심'이 놀이 안에서만 관찰과 지도가 이루어져야 한다는 것을 의미하지는 않음. 유아교육기관의 일과 중 유아의 배움이 자연스럽게 이루어질 수 있는 시간이 놀이시간일 뿐 모든 시간은 유아에게 유의미한 상황이 될 수 있음. 또한 유아에 따라서는 놀이보다 일상생활 중에 자신의 특성을 더 잘 드러낼 수도 있음. 아래의 예시는 일과별로 유아에 대해 관찰하고 평가할 수 있는 내용에 관한 것임.

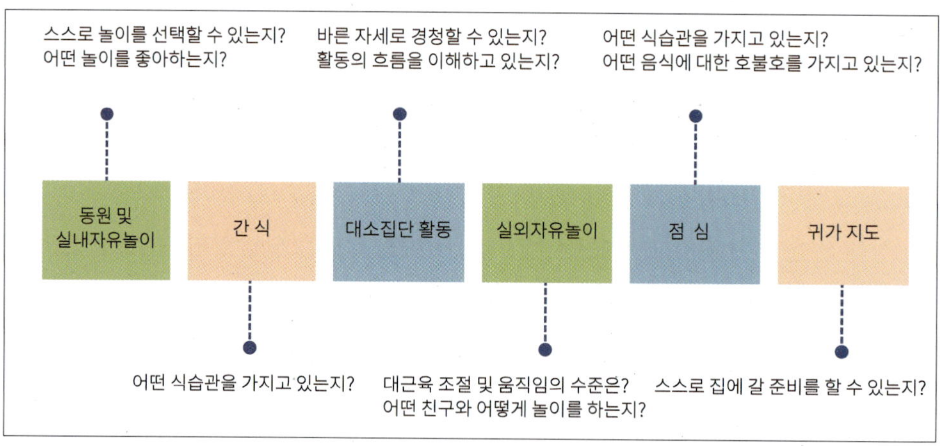

(2) 관찰된 상황 중 유의미한 상황을 기록하기

교사는 관찰한 상황을 해석하며 유아의 배움을 파악하고 교육적 지원을 할 수 있음. 하지만 관찰한 모든 상황에 유아의 배움이 있는 것은 아니므로, 상황에 따른 교사의 가치판단이 필요함. 평가를 한다는 이유로 맹목적인 관찰과 기록을 한다면 평가자료로서 의미를 찾기 어려움. 유의미한 상황에 대한 교사의 가치판단은 개별에 따라 다를 수 있으나, 현장 안에서 대체적으로 공감되는 상황적 기준이 있을 것으로 사료됨. 관찰 시 유의미한 상황으로 판단하는 기준에 대해 본원의 교사들과 의견을 나누었으며 실제로 그 내용은 비슷했음.

유아의 발달수준이 드러날 때

교사는 유아의 발달수준이나 문제행동이라 생각되는 부분들이 명료하게 드러날 때 전후 상황을 면밀하게 관찰함. 발달의 변화를 비교하기 위해 사진을 찍거나 기록을 하는데, 가령 집중적인 지원을 필요로 하는 유아가 있을 경우 가정과 공유하기 위한 자료작성에 쓰이기도 함.

학부모와 공유한 유아의 특징이 드러날 때

학부모가 전달했던 유아의 특징이 관찰되었을 때도 유심히 관찰하는 계기가 됨. 학부모가 교사에게 자녀에 대해 좀 더 지원해 주기를 부탁한 부분이 있거나 그 유아를 이해하는 데 중요한 특징이 있을 경우, 사전에 알고 있는 만큼 유아에 대해 더욱 깊이 있게 관찰할 수 있음.

대소집단 활동의 목표와 관련한 유아의 표현

대소집단 활동 안에서도 유아의 배움을 확인하는 경우가 많음. 유아가 교사의 질문에 적절히 대답을 하거나 활동의 목표에 적합한 질문을 할 때 배움을 확인할 수 있음. 반대로 교육 내용과는 관련 없는 표현을 하거나 이해를 하지 못한 경우에도 유아의 발달수준을 평가하는 기회가 되기도 함.

놀이상황 안에서

하나의 이야기(story)로 나타날 때
교사가 생각하지 못한 방향으로 흘러갈 때
새로운 흥미가 관찰될 때
새로운 또래관계가 관찰될 때

놀이상황 안에서는 좀 더 다양하게 평가의 기회를 찾아볼 수 있음. 우선 놀이가 하나의 이야기로 나타날 때임. 여기서 '이야기'란 놀이 자체가 동화 내용과 같은 이야기일 수도 있고, 유아들이 주고받는 대화나 상황 안에 줄거리가 있는 것을 의미할 수도 있음. 두 번째는 교사가 생각지 못한 방향으로 놀이가 흘러갈 때임. 새로 제시한 놀잇감을 가지고 다른 방법으로 놀이를 하거나 놀이상황이 예측된 방향과 다르게 전개될 때 자세히 관찰하게 됨. 다음은 비슷한 맥락으로 놀이상황 안에서 새로운 흥미가 발견될 때임. 유아들이 새로운 호기심이나 흥미를 보이고 이것을 확장해 나갈 때 교사는 놀이에 함께 참여하거나 관찰을 계속해 나감. 마지막은 새로운 또래관계가 관찰될 때임. 놀이 안에서 새로운 관계가 관찰될 때는 유아들의 사회성을 관찰하기 적절한 상황일 때가 많으며 교사는 이를 통해 놀이 안에서 친구를 사귈 수 있도록 지원하기도 함.

지금부터는 네 가지의 기준에 따라 관찰된 상황에서 유아 평가가 어떻게 이루어졌는지 소개하고자 함. 각각의 사례는 앞서 제시한 평가 과정의 이미지를 활용할 것임.

: 유아 고유의 특성 : 지원 계획 : 경험과 배움의 결과

학급의 모든 유아들을 공평하고 적절하게 평가하기 위해서는 평가의 상황을 확인할 수 있는 형식이 필요함. 아래의 표는 본원에서 직접 사용하고 있는 체크리스트로서 유아의 놀이, 일상생활, 대소집단활동에서 관찰이 이루어졌을 때 기록하고 있음. 월별로 표를 만들어 관찰이 이루어진 날짜를 상황(실내자유놀이, 실외자유놀이, 일상생활, 대소집단활동)에 따라 기입하는 방식으로 활용하고 있음.

이 름	실내자유놀이	실외자유놀이	일 상	대소집단 활동		
				3/4 이야기 나누기 '자기표시그림 고르기'	3/15 신체 '그림 표시 위에 서기'	3/17 신체 '공굴리기와 공 전달하기'
강○○	05, 11, 17, 23, 24, 30	22, 25	기저귀	사과	○	○
고☆☆	05, 15, 17, 24, 29	22	분리불안 ok, 실내화신기	포도	○	○
권●●	05, 15, 30, 31			펭귄	○	○
김◎◎	05, 12, 15, 23, 29	22		레몬	○	×
김◇◇	05, 11, 18, 25, 30			나비	○	○
박◆◆	05, 11, 12, 22, 23, 29	25	식습관	물고기	○	○
박□□	05, 22, 23, 24, 26, 30	25	기저귀	조개	–	○
백■■	05, 15, 18, 23, 24, 30	22		나무	○	○
서☆☆	05, 15, 26, 27, 30	22	분리불안 ok, 기저귀	팬더	○	×
신★★	05, 11, 17, 29	22		부엉이	–	○
신○○	05, 16, 23, 25, 29			닭	○	○
앙●●	05, 12, 15, 16, 31		분리불안 ing	꽃게	○	○

체크리스트의 대소집단활동은 유아의 발달수준을 확인하기 위한 목적으로 계획된 활동을 기록해 두었음. 6월은 1학기를 마무리하는 시기로 수행평가를 실시하여 한 학기 동안 성장한 유아의 모습을 확인하기도 함. 다만 계획된 활동과 수행평가에서 유아의 발달수준을 확인하더라도 놀이상황 안에서 더 높은 수준으로 관찰된다면 이를 대체하여 평가 결과로 활용할 수 있음. 예를 들어 신체활동 '공굴리기와 공 전달하기'를 통해 유아의 기본 운동 수준을 확인하였으나, 실외자유놀이 중 공놀이를 통해 능숙한 대근육 조절과 기본 운동 능력을 관찰했다면 실외자유놀이 상황으로 평가 결과를 대체하여 활용할 수 있음. 다음은 2021년에 작성한 실제 체크리스트의 예시임.

• 3월 관찰일지 체크목록

이 름	실내자유놀이	실외자유놀이	일 상	대소집단 활동		
				3/4 이야기 나누기 '자기 표시 그림 고르기'	3/15 신체 '그림 표시 위에 서기'	3/17 신체 '공 굴리기와 공 전달하기'
강○○	05, 11, 17, 23, 24, 30	22, 25	기저귀	사과	○	○
고☆☆	05, 15, 17, 24, 29	22	분리불안 ok, 실내화 신기	포도	○	○
권●●	05, 15, 30, 31			펭귄	○	○
김◎◎	05, 12, 15, 23, 29	22		레몬	○	×
김◇◇	05, 11, 18, 25, 30			나비	○	○
박◆◆	05, 11, 12, 22, 23, 29	25	식습관	물고기	○	○
박□□	05, 22, 23, 24, 26, 30	25	기저귀	조개	–	○
백■■	05, 15, 18, 23, 24, 30	22		나무	○	○
서☆☆	05, 15, 26, 27, 30	22	분리불안 ok, 기저귀	팬더	○	×
신★★	05, 11, 17, 29	22		부엉이	–	○
신○○	05, 16, 23, 25, 29			닭	○	○
양●●	05, 12, 15, 16, 31		분리불안 ing	꽃게	○	○
여◎◎	05, 12, 15, 16, 22, 27	22	분리불안 ok	무당벌레	○	○
윤◇◇	05, 16, 29, 30	22	분리불안 ing	토끼	○	○
윤◆◆	05, 12, 17, 23, 24	25		비행기	○	○
이□□	05, 12, 18, 22, 31			자동차	○	○
이■■	05, 16, 17, 26, 30	25		우산	○	×
최△△	05, 16, 17, 31		식습관	망원경	–	○
최▲▲	05, 12, 16, 22, 29		식습관	복숭아	○	○
황☆☆	05, 12, 23, 29	22	식습관, 분리불안 ing	사자	○	○

• 4월 관찰일지 체크목록

이 름	실내자유놀이	실외자유놀이	일 상	대소집단 활동		
				4/14 자연탐구 '토마토 모종 심기'	4/22 동화동극 '커다란 무'	4/26 게임 '토끼처럼 뛰어 가서 당근 뽑기'
강○○	06, 13, 15, 16, 20	01, 02, 09, 23, 30	정리	○(관찰, 호기심)	○	○(두발 뛰기)
고☆☆	01, 06, 08, 15, 16, 28	01, 02, 09, 30	옷 입기	○	○	△(번갈아 뛰기)
권●●	07, 09, 14, 20, 21	01		○	○	○(두발 뛰기)
김◎◎	01, 05, 08, 12, 16, 22	08, 14, 26		○(관찰, 호기심)	○	○(두발 뛰기)
김◇◇	05, 06, 17, 21	01, 15, 26		○	○	○(두발 뛰기)
박◆◆	06, 07, 12, 15, 22, 29	01, 14		○	×	△(번갈아 뛰기)
박□□	06, 08, 09, 15, 17, 28	01, 02, 09, 17	기저귀	○	○	○(두발 뛰기)
백■■	05, 06, 09, 12, 13, 22, 29	01, 08, 15	정리	○(관찰, 호기심)	○	○(두발 뛰기)
서☆☆	01, 05, 12, 13, 14, 16, 30	02, 09	기저귀, 정리	○	×(거부)	△(번갈아 뛰기)
신★★	12, 14, 15, 20, 21, 26			○	–	○(두발 뛰기)

신○○	01, 02, 12, 13, 17, 22	14		○	○	–
양●●	05, 07, 09, 13, 16	01, 08, 14, 30		○(관찰, 호기심)	×	△(번갈아 뛰기)
여◎◎	06, 13, 14, 20, 21, 29	15	옷 입기	○	○	△(번갈아 뛰기)
윤◇◇	01, 06, 07, 12, 13, 21	01, 09, 23, 30		○	○	○(두발 뛰기)
윤◆◆	01, 09, 12, 16, 17, 20, 22	02, 17, 23		–	○	○(두발 뛰기)
이□□	06, 09, 12, 16, 20	02, 17	정리	○	○	○(두발 뛰기)
이■■	02, 06, 09, 22, 28	01, 05, 09		○(관찰, 호기심)	○	○(두발 뛰기)
최△△	02, 05, 06, 13, 17, 23, 30	01, 02, 08, 30	식습관	○	○	○(두발 뛰기)
최▲▲	05, 06, 09, 12, 16, 20	05, 23	식습관	○	○	△(번갈아 뛰기)
황☆☆	07, 13, 14, 16, 21, 29	05, 14, 17, 26	분리불안	○(관찰, 호기심)	×	△(번갈아 뛰기)

- 5월 관찰일지 체크목록

이 름	실내자유놀이	실외자유놀이	일 상	대소집단 활동		
				5/13 악기연주 '우리 모두 다 같이'	5/21 이야기 나누기 '내가 좋아하는 장난감'	5/25 율동 '둘이 살짝'
강○○	10, 11, 13, 14, 21, 27	10	정리, 식습관	△(도움 필요)	○	○
고☆☆	03, 10, 14, 20, 21, 24	03, 10, 26		○	○	○
권●●	04, 07, 11, 12, 20, 21, 27	10		○	○	○
김◎◎	03, 04, 11, 14, 17, 27	10	식습관	△(도움 필요)	○	○
김◇◇	07, 10, 11, 14, 17, 20	10, 13, 26		○	○	○
박◆◆	03, 04, 07, 10, 12	10, 18, 26		○	○	○
박□□	10, 12, 14, 17, 21	03, 10, 11	기저귀	×	△(도움 필요)	–
백■■	03, 06, 10, 17, 25, 27	10, 11, 28	식습관, 배변	○	○	○
서☆☆	10, 12, 17, 21, 25	10, 18	기저귀, 옷 입기	○	○	△(도움 필요)
신★★	03, 06, 13, 20, 24, 25	18, 26, 28		○	○	○
신○○	11, 12, 17, 20, 21	10, 11, 26, 28	식습관	○	○	○
양●●	03, 06, 07, 13, 20	10, 11, 28		×	△(도움 필요)	○
여◎◎	03, 07, 11, 13, 20, 21	10, 18		○	△(도움 필요)	–
윤◇◇	03, 18, 21, 25	03, 10, 13, 26	식습관	○	○	○
윤◆◆	03, 06, 12, 13, 17, 21, 24	10, 11, 13		○	○	○
이□□	03, 06, 07, 11, 14	10, 18		○	○	○
이■■	03, 04, 12, 13	18		○	○	○
최△△	06, 11, 14, 17, 27	03, 10		○	○	○
최▲▲	03, 06, 07, 10, 12, 25	10, 11, 18		○	○	○
황☆☆	07, 10, 14, 18, 25	10, 13, 24, 26		○	○	○

• 6월 관찰일지 체크목록

이 름	실내자유놀이	실외자유놀이	일 상	대소집단 활동		수행평가	
				6/7 이야기 나누기 '5분 교통안전교육'		가위질	급식
강○○	02, 07, 14, 22, 30	08, 14	정리, 식습관	○(질문에 적절한 대답)		○	△(식사 태도)
고☆☆	02, 03, 08, 10, 15, 25	01, 11, 14				△	○
권●●	02, 09, 16, 23, 28	01, 07, 11		○		○	○
김◎◎	02, 08, 10, 16, 21, 30	01, 08, 16	식습관			△	△(식사 태도)
김◇◇	09, 14, 15, 22, 30	11, 22				○	○
박◆◆	01, 10, 15, 16, 29	04, 11				○	○
박□□	04, 08, 18, 22, 29	11, 22				○	○
백■■	04, 09, 14, 16, 24, 29	07, 22	식습관, 배변			△	△(식사 태도)
서☆☆	11, 14, 15, 22, 25	14, 16	기저귀, 옷 입기			△	○
신★★	03, 09, 14, 22, 29	16, 22		○		○	○
신○○	04, 07, 10, 15, 16, 28	01, 07		○		○	△(편식)
양●●	03, 16, 18, 24, 30	01, 07, 08				△	○
여◎◎	01, 09, 10, 15, 16	08, 14				○	○
윤◇◇	02, 09, 10, 14, 24	01, 11, 16	식습관	○		○	○
윤◆◆	02, 09, 15, 22, 25, 30	01, 08, 14		○		○	○
이□□	01, 03, 07, 10, 21	08, 16	정리			△	△(식사 태도)
이■■	03, 09, 14, 24	07, 16				○	○
최△△	02, 04, 08, 16, 24	04, 14				○	△(편식)
최▲▲	01, 11, 15, 25, 30	01, 14				○	△(편식)
황☆☆	03, 07, 10, 15, 22, 29	01, 07, 17, 14				○	△(편식)

관찰 체크리스트에서 황☆☆란 유아에 대해 관찰한 부분만 따로 살펴보면 아래와 같음. 이 중 유의미하다고 여긴 상황들은 동그라미로 표시된 날짜이며 그 상황에 대한 평가 사례를 소개하고자 함.

황☆☆

3월

이 름	실내자유놀이	실외자유놀이	일 상	대소집단 활동		
				3/4 이야기 나누기 '자기 표시 그림 고르기'	3/15 신체 '그림 표시 위에 서기'	3/17 신체 '공 굴리기와 공 전달하기'
황☆☆	05, 12, 23, 29	22	식습관, 분리불안 ing	사자	○	○

4월

이 름	실내자유놀이	실외자유놀이	일 상	대소집단 활동		
				4/14 자연탐구 '토마토 모종 심기'	4/22 동화동극 '커다란 무'	4/26 게임 '토끼처럼 뛰어가서 당근 뽑기'
황☆☆	07, 13, 14, 16, 21, 29	05, 14, 17, 26	분리불안	○(관찰, 호기심)	×	△(번갈아 뛰기)

5월

이 름	실내자유놀이	실외자유놀이	일 상	대소집단 활동		
				5/13 악기연주 '우리 모두 다같이'	5/21 이야기 나누기 '내가 좋아하는 장난감'	5/25 율동 '둘이 살짝'
황☆☆	07, 13, 14, 16, 21, 29	05, 14, 17, 26	분리불안	○(관찰, 호기심)	×	△(번갈아 뛰기)

1 일시: 03. 12 / 상황: 실내자유놀이

☆☆이가 '안아 줘'라는 책을 보고 있음. 그림책의 몇몇 친숙한 글자를 읽을 줄 알며(안, 아) 그림을 보며 등장인물의 기분이 어떨지 교사에게 이야기 함

☆☆ : 선생님, 여길 봐요. 얘네들도 안아 달라고 하네요?

교사: 왜 안아 달라고 하지?

☆☆ : (교사를 보며 웃음) 안고 싶은가?

교사: 엄마 품이 포근해서 그런 걸까?

☆☆ : ☆☆도 엄마를 잘 안아줘요. 포근하니까요.

❖ 유아의 발달수준이 드러날 때

1. 그림책에 읽기에 관심을 가지고 있음
2. ☆☆ 에게 친숙한 글자 '안', '아'를 읽을 수 있음
3. 분리불안이 있는 상황이며, 엄마에 대한 친밀감을 언어적으로 표현함

➤ 엄마와 관련된 그림책을 제시함
: 교실 안에서 분리불안감을 해소하는 방법이 되도록 지원함

➤ 만 3세 수준에 적절한 그림책을 제시함
: 친숙한 글씨를 계속해서 익히고 다른 글씨를 읽을 수 있도록 지원함

2 일시: 04. 05 / 상황: 실외자유놀이

☆☆이가 모래놀이를 하던 중 ○○, ●●가 물을 뜨러 간다고 하자 함께 물을 뜨러 가자고 이야기 함. 셋이 함께 물을 뜨러 간 후 ☆☆이는 ○○와 손을 잡고 돌아옴

○○: ●●야, 나 물 좀 떠올게.

●●: 어? 그럼 나도 같이 가자.

☆☆: 나도 같이 가서 도와줄까?

○○, ●●: 그래, 좋아! 같이 가자.

❖ 유아의 발달수준이 드러날 때

1. 친구에 대한 관심이 생기고 있음
2. 친구에게 놀이제안을 하기보다 도움이 필요할 때 이것을 함께 나누려고 함

친구에 대한 관심을 언어적으로 적절하게 표현할 수 있게 됨

3 일시: 04. 14 / 상황: 대 · 소집단 활동

- 활동명: 자연탐구 '방울토마토 모종 심기'
- 목표 [자연탐구] 식물의 성장과정에 관심을 갖는다.

교사: 방울토마토 모종이 잘 자라려면 필요한 것들이 있어요.
☆☆: 물이 필요해요. 물을 마셔야 풀의 키가 커요!
교사: 맞아요, 물도 필요하고 또 햇빛과 바람도 필요해요.
☆☆: 물도 먹고 햇빛이랑 바람도 먹어요?

❖ 대·소집단 활동의 목표와 관련한 유아의 표현

식물의 성장과정에 대해 관심을 가지고 있음

[자연탐구] 식물의 성장과정에 관심을 갖는다.
≫ 식물이 성장하는 데 필요한 요소들에 대해 이해함

➤ 토마토 모종을 관찰할 수 있는 기회를 제공함
: 식물의 성장과정을 실제로 보고 탐구할 수 있도록 교육적으로 지원함

4 일시: 05. 07 / 상황: 실내자유놀이

☆☆와 ◇◇가 우레탄블록으로 집을 만들고 있음
☆☆ : ◇◇ 야, 여기는 아기돼지 삼형제 집이라고 할까?
◇◇ : 그래.
☆☆ : 이렇게 튼튼하게 쌓으면 늑대가 와도 괜찮아.
◇◇ : 왜? 왜 늑대가 와도 괜찮아?
☆☆ : 튼튼하게 쌓으면 안 부서지잖아. 늑대가 나타나 후~ 해도!
◇◇ : 난 높이 쌓을게.
☆☆ : ◇◇아 너는 첫째 돼지니?

❖ 학부모와 공유한 유아의 특징이 드러날 때

1. 가정에서 그림책 이야기로 역할놀이 하기를 좋아함
2. 블록으로 구성물을 만든 뒤 '아기돼지 삼형제' 이야기로 연계함

➤ 그림책과 관련한 손인형 비치함
: 가작화된 상황을 표상하는 데 도움이 될 수 있는 손인형이나 소품들을 제시하여 역할놀이를 확장하도록 지원하고자 함

5 일시: 05. 18 / 상황: 대 · 소집단 활동

- 활동명: 이야기나누기 '내가 빌린 그림책'
- 목표 [의사소통] 자신의 생각과 느낌을 적절한 단어로 말한다.

교사: ☆☆ 는 이 책을 왜 빌렸어요?
☆☆ : 나는 바닷속에 사는 동물들을 좋아해요.
그래서 바다동물 그림이 있는 이 책을 빌렸어요.

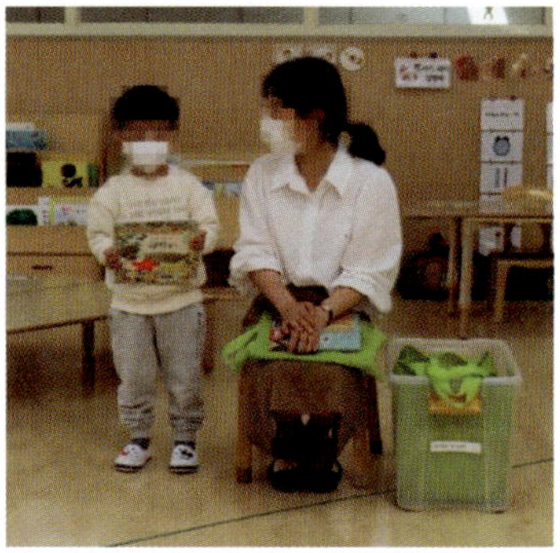

❖ 대·소집단 활동의 목표와 관련한 유아의 표현

그림책을 빌린 이유에 대해 언어적으로 적절한 단어로 말할 수 있음

학기 초에는 여러 친구들 앞에서 이야기하는 것을 쑥스러워 하였으나, 본 활동에서는 적절한 크기의 목소리로 그림책을 빌린 이유에 대해 설명함

(3) 수행평가하기

수행평가의 사전적 정의는 '교사가 학생이 학습과제를 수행하는 과정이나 그 결과를 보고, 그 학생의 지식이나 기능, 태도 등에 대해 전문적으로 판단하는 평가 방식'임. 이러한 평가 방식은 자칫 개정 누리과정의 흐름을 역행하는 것으로 보일 수 있으나 수행평가는 유아 중심의 교육과정을 운영해 나가는 데 필요한 평가 방식임. 유아에 대한 전체적, 실제적인 평가를 위해서는 자연스럽게 관찰되지 않은 부분에 대해서도 확인할 필요가 있기 때문임. 또한 바쁜 현장 안에서 교사가 모든 유아들을 용이하게 판단할 수 있는 방법이기도 함. 학부모와 면담 시 관찰한 것을 기록한 자료 외에도 수행평가 자료를 함께 제시함으로써 유아의 발달상황을 효과적으로 공유할 수 있음. 본원에서 실시하고 있는 수행평가는 다음과 같으며 평가 내용에 있어 연령별로 수준 차이를 두고 있음.

• 이화유치원 연령별 수행평가 사례

누리 과정 5개영역	내용 범주	평가 내용 3세	평가 내용 4세	평가 내용 5세
신체운동·건강	신체활동 즐기기	직선 가위질	직선 및 곡선 가위질	직선 및 곡선 가위질
의사소통	읽기와 쓰기에 관심 가지기	이름 읽기	음절 읽기	단어 및 문장 읽기
자연탐구	생활 속에서 탐구하기	구체물 수 세기(5 이상)	구체물 수 세기(10 이상)	구체물 수 세기(10 이상)

평가 준거는 성인의 도움 유무에 따라 유아가 스스로 할 수 있는지에 대한 여부임. 1수준은 성인의 도움이 있어도 하기 어려움, 2수준은 성인의 도움이 있어야 가능함, 3수준은 성인의 도움 없이도 스스로 할 수 있음을 뜻함. 교사는 수준평가를 하는 중 1, 2수준으로 평가된 유아의 경우 3수준에 이를 수 있게 적절한 지원을 계획할 수 있음. 다음의 예시는 수행평가의 내용을 포트폴리오 형식에 맞춰 정리한 것임. 가위질을 통한 소근육의 조절력을 관찰하고자 한 수행평가로서 연령별로 도형의 모양을 다르게 하였음.

[신] **신체운동 · 건강영역**

내용범주	내 용	평가문항(평가요소)	평가준거	평가시기	
1 신체활동 즐기기	2 신체 움직임을 조절한다.	③ 몸의 균형을 유지하고 신체 각 부분의 움직임을 조절해 본다. (신체균형, 조절력)	1수준		
			2수준		
			3수준	평가1 평가2	6/14 11/8

신 1-2
평가1

-평가일시: *2020년 6월 14일(목)*
-평가방법: *수행평가*
-평가내용: *가위질하기*

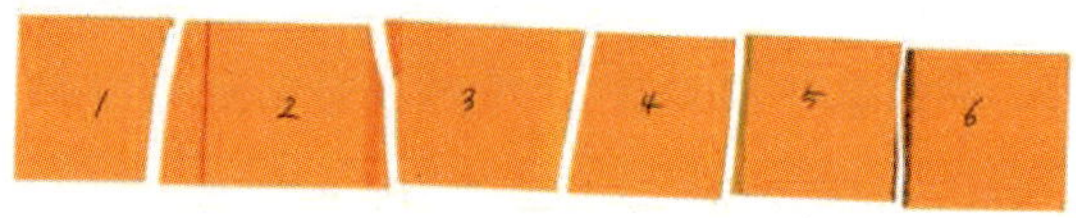

도구사용	오른손 (○) / 왼 손 ( ) 종이를 잡지 않은 채로 가위질을 함 ( ) 한 손으로 종이를 움직이지 않게 잡고 가위질 함 (○)	
	가위를 반대로 잡고 사용함 (○) 가위를 올바르게 잡을 수 있으나 사용이 서투름 ( ) 가위를 안전하게 사용하는 방법을 알고 능숙하게 사용함 ( )	
정 확 도	직 선	선에 맞춰 가위질 하는 것에 관심이 없음 ( ) 선에 맞추고자 하나 다소 많이 벗어나게 가위질 함 ( ) 비교적 선에 맞춰 가위질 함 (○) 선을 따라 정확히 가위질 함 ( )
속 도	속도는 빠르나 선에서 벗어남 ( ) 느린 속도로 신중하게 자름 (○) 빠른 속도로 익숙하게 자름 ( )	
교사의견	*가위날을 반대로 잡고 가위질을 시작하여 교사의 도움을 받아 바로 잡았음. 적절한 힘으로 가위질을 할 수 있으며 선에 맞춰 자르기 위해 노력함. 실내자유놀이 시간에 자발적으로 가위를 이용하며 소근육을 발달해나가고 있음*	

평가사례에 대한 이해를 돕고자 포트폴리오의 형식을 설명하면, 가장 위에 보이는 표는 누리과정에 따라 평가하고자 하는 내용이 담긴 것으로 평가 문항과 평가 준거 및 시기를 기록한 것임. 이때 평가 문항과 평가요소는 육아정책연구소에서 제시한 '누리과정 개정에 따른 KICCE유아관찰척도 개발 및 시범적용'을 활용하였음. 아래의 표는 관찰한 내용과 더불어 교사의 의견을 작성하는 부분으로 유아가 과업을 하고 있을 때와 그 이후로 나누어서 기록함. 끝으로 수행평가 시 연령별

수준 차이를 어떻게 두고 있는지를 소개하기 위해 간단한 예시를 제시하고자 함.

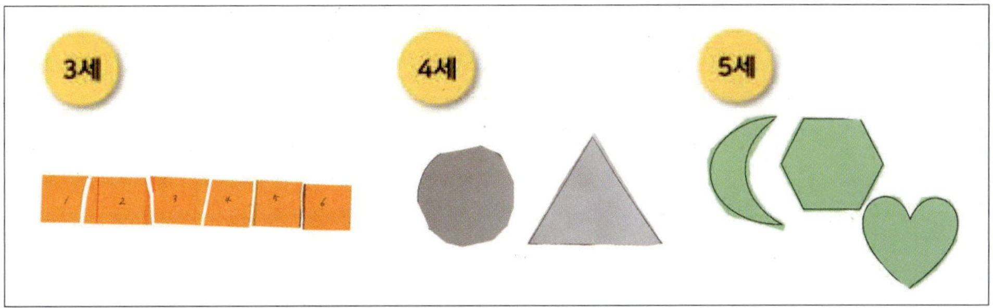

연령별 '가위질' 평가 내용

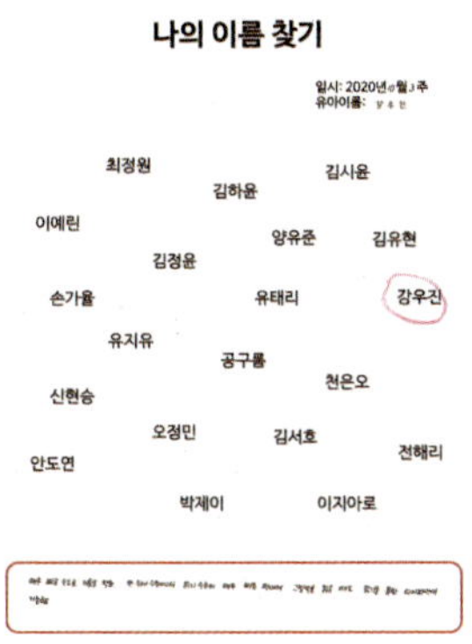

친숙한 단어–이름

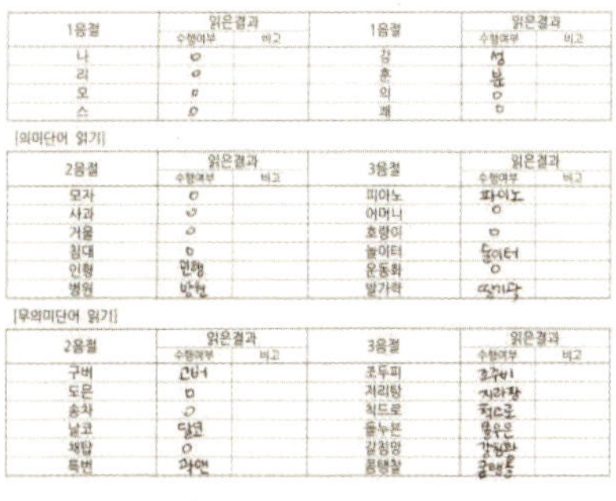

1음절 및 의미단어와 무의미단어

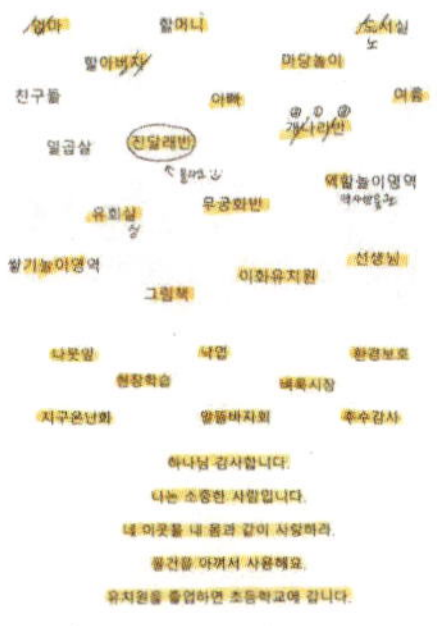

친숙한 단어 및 문장

연령별 '단어 및 문장 읽기' 평가 내용

3) 가정과 공유하기

'가정과 공유하기'는 면담(대면상담, 전화면담)이나 가정으로 보내는 서신 등을 통해 이루어짐. 우선 면담의 경우, 학부모에게 전달할 수 있는 내용을 준비하는 것이 필요하며 유아의 배움과 성장을 가시화할 수 있는 자료를 만들거나 유아에 관한 자료를 작성할 수 있음. 어떠한 형식이든 유아 평가자료들을 종합하고 분석하여 깊이 있는 평가의 과정으로 활용하는 것이 중요함. 교사는 유아에 대해 면밀히 관찰하고 평가한 내용을 학부모에게 공유함으로써 자녀에 대한 이해를 돕고 가정과 연계된 교육이 이루어지도록 함. 학부모 역시 자녀를 유치원에 보냄으로써 성취를 확인하고자 하며(최일선 · 조운주, 2020) 더 나은 교육과 양육을 하기 위한 조언과 안내를 받길 원함. 본원에서는 두 차례의 면담을 실시하고 있으며 1차 면담은 1학기 후반에, 2차 면담은 2학기 후반에 실시함. 1차 면담의 경우 5개 영역에 따른 유아의 전반적인 발달사항을 간략하게 기록한 후 이를 바탕으로 학부모에게 전달함. 2차 면담은 유아에 관한 포트폴리오를 준비하여 학부모에게 공유하고 성장과정에 대해 이야기 나눔.

가정으로 보내는 서신은 학부모가 유아의 발달사항을 작성할 수 있는 형식의 문서임. 본원에서는 '유아관찰기록서'란 양식을 만들어 학부모들이 1년에 2회 참관실에서 유아를 관찰하고 작성할 수 있도록 하고 있음. 이때 교사들은 동일한 내용의 유아관찰기록서를 교사용으로 작성한 후, 학부모가 작성한 내용과 비교함. 교사와 학부모가 유아의 발달수준을 평가하는 데 있어 차이가 있는지 확인하기 위한 목적이며 학부모 면담 준비 시 중요한 자료로 활용되고 있음.

(1) 수집한 자료 중 가정과 공유하기 위한 자료 엄선하기

유아에 대해 수집한 자료들을 가정과 공유하기 위해서는 유아의 실제적인 모습과 변화된 부분을 잘 드러내는 자료를 엄선하는 것이 필요함. 특히 면담과 같이 제한 시간이 있는 경우 유아 평가 내용 중에서도 핵심적인 내용이 전달되야 할 것임. 어떤 과정을 통해 자료를 선택하고 추려가는지를 소개하면 다음과 같음.

• 유아에 관한 어떤 자료를 선택할 것인지 기준 세우기

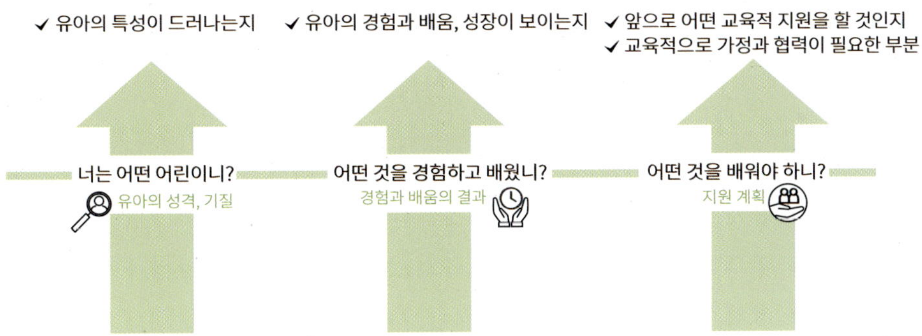

평가자료 중 유아의 특성, 유아의 경험과 배움, 성장을 확인할 수 있는 자료를 선택하고 교육적 지원을 필요로 하는 부분 혹은 가정과 협력이 필요한 부분에 관한 내용을 함께 준비하는 것이 좋음. 이러한 기준으로 살펴볼 수 있는 자료는 월별 관찰 체크리스트와 컴퓨터에 저장된 유아 사진 파일임.

• 월별 관찰 체크리스트 검토하기

관찰 체크리스트의 날짜를 기준 삼아 유의미한 상황으로 판단되는 기록물을 확인하고 해당 날짜를 체크함. 체크된 날짜의 사진이나 기록물, 결과물들을 모아서 검토하고 내용에 따라서는 포트폴리오 형식으로도 정리함.

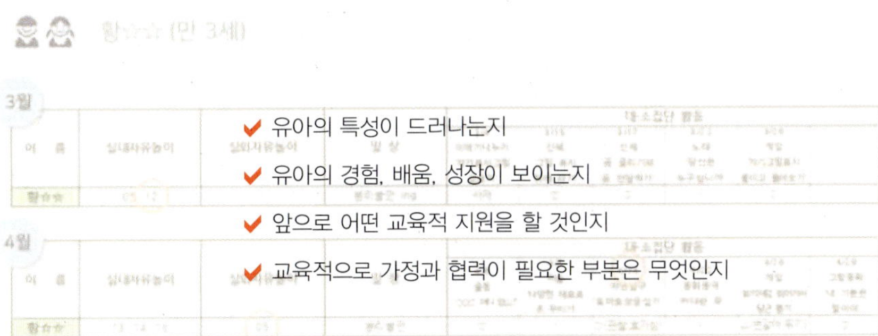

• **사진첩 검색하기**

일과 중 촬영한 사진을 컴퓨터에 저장하는 방법에 따라 효율적인 평가자료로 활용할 수 있음. 저장 방법은 일별로 저장하거나 활동의 유형별로 저장하는 방법이 있음. 일별로 사진을 저장하는 경우 날짜별로 폴더를 만들어 사진을 옮기고 그 안에서 활동 사진은 활동 유형 이름으로, 놀이 사진은 놀이 유형 이름으로 저장함. 활동의 유형별 저장 방법은 사진첩에 활동의 유형별(예: 이야기 나누기, 노래, 게임, 실내자유놀이, 실외자유놀이 등)로 폴더를 만든 후 그 안에 사진을 나눠서 저장하는 방법임. 중요한 것은 어떤 방법으로 저장하든 유아가 참여하고 있는 활동과 놀이의 모습이 잘 드러나는 사진일 경우, 사진 속 유아의 이름을 함께 써서 저장하는 것임.

날짜별로 사진을 저장할 때

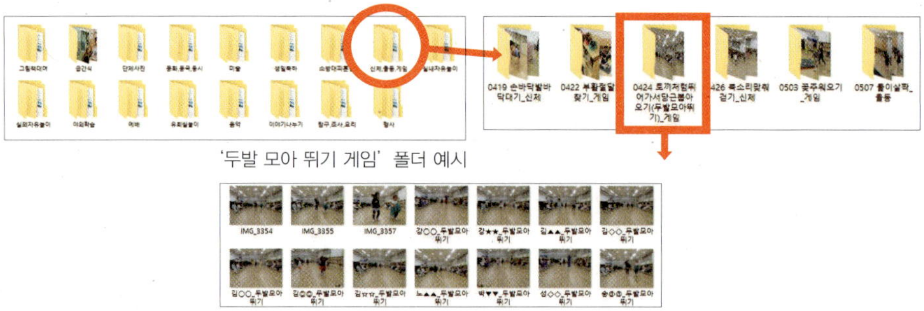

활동 유형별로 저장할 때

앞에 제시된 방법에 따라 사진 파일을 정리한 후에는 필요에 따라 적절한 사진을 검색하고 활용할 수 있음. 예를 들어 특정 유아의 사진을 찾고 싶을 때는 사진 파일명을 유아명으로 검색함. 유아명으로 검색 시 아래와 같은 결과가 나옴.

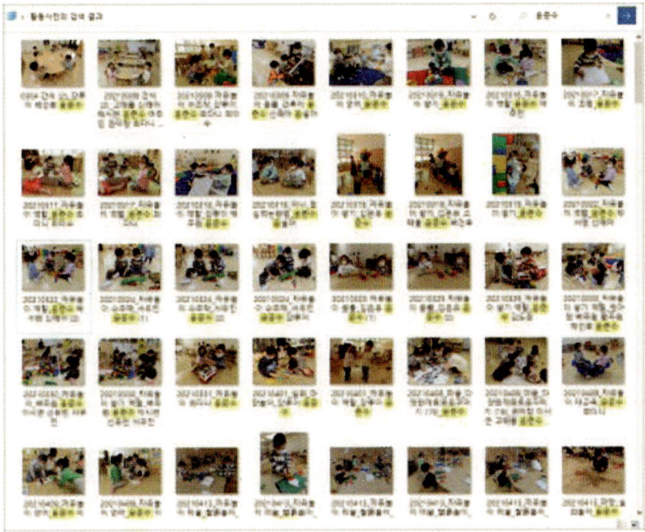

사진 파일에 붙여진 이름은 활동 혹은 놀이명과 그 안에 함께 참여하고 있는 유아명임. 이를 통해 유아가 어떤 친구와 자주 놀이를 하고 어떤 놀이를 즐겨하는지 확인할 수 있음.

(2) 면담자료 및 포트폴리오 작성하기

• 1차 면담자료

2019학년도 1학기

누리과정 영역에 기초한 유아종합평가

만 3세 병아리반 유★★

1. 신체운동 · 건강영역

평가문항내용

① 감각적 차이에 관심을 보인다.
② 신체의 명칭을 알고 움직임에 관심을 갖는다.
③ 자신의 신체적 특성을 긍정적으로 인식한다.
④ 몸의 균형을 유지하고 신체 각 부분의 움직임을 조절해 본다.
⑤ 소근육을 조절해 본다.
⑥ 기본운동 동작을 한다.
⑦ 신체활동이나 바깥놀이에 참여한다.
⑧ 운동기구나 시설을 스스로 이용한다.
⑨ 자신의 몸과 주변을 깨끗이 한다.
⑩ 음식을 골고루 먹는다.
⑪ 바른 태도로 식사한다.
⑫ 건강한 생활을 한다.
⑬ 놀이기구, 놀잇감, 놀이장소, 미디어를 안전하게 사용한다.
⑭ 기본교통수칙과 교통수단의 안전한 이용법을 알고, 경험한다.
⑮ 위험한 상황에 대처하거나 도움을 요청하는 방법을 안다.

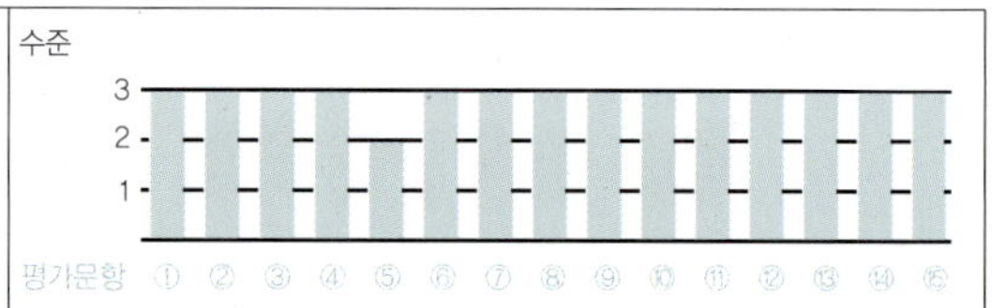

총평

- **발달상태** : 몸의 균형을 유지할 수 있으며 신체 대 · 소근육이 고르게 발달되고 있음. 신체활동이나 바깥놀이에 즐겁게 참여하며 다양한 운동기구를 스스로 선택하여 사용하는 건강한 생활을 함
- **교육적 지원이 필요한 영역** : 학기 초에는 식사 시 친구들과 이야기하기를 즐겨 식사 시간이 다소 늦은 편이었으나 중반 이후부터는 스스로 속도를 조절하여 잘 먹는 모습을 보임. 간혹 반찬에 대한 선호도에 따라 속도의 차이가 있으나 대체로 잘 먹음. 2학기에도 스스로 바른 태도로 식사할 수 있도록 지원할 것임

2. 의사소통영역

평가문항내용

① 일상생활과 관련된 친숙한 낱말과 문장을 듣고 이해한다.
② 다른 사람의 이야기를 관심 있게 듣는다.
③ 동요, 동시, 동화를 다양한 방법으로 듣고 즐긴다.
④ 말하는 사람을 바라보며 듣는다.
⑤ 새로운 낱말에 관심을 가지며 간단한 문장으로 말한다.
⑥ 자신의 느낌, 생각, 경험을 말한다.
⑦ 상대방을 바라보며 말하며 바르고 고운 말을 사용한다.
⑧ 글자 읽기에 관심을 가진다.
⑨ 책에 흥미를 보이며 책의 그림을 단서로 내용을 추측한다.
⑩ 글자 쓰기에 관심을 보인다.

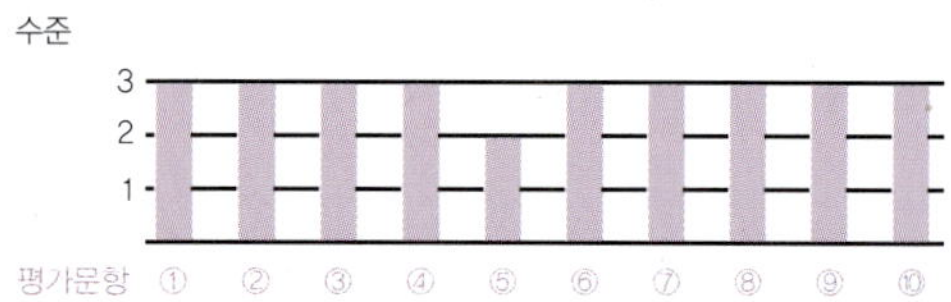

총평

- **발달상태** : 일상생활 속에서 다른 사람의 이야기에 관심을 갖고 바른 태도로 들음. 자신의 생각이나 느낌을 언어적으로 표현할 수 있으나 다소 쑥스러움을 느낄 경우에는 얼버무리듯이 표현할 때가 있음. 다양한 문학작품 읽기에 관심을 가짐
- **교육적 지원이 필요한 영역** : 2학기에도 상대방의 이야기를 바른 태도로 듣고 자신의 이야기를 정확하게 전달할 수 있도록 지원할 것임

1차 면담자료는 누리과정 내용을 바탕으로 유아의 5개 영역에 대한 평가 내용을 작성함. 월별 체크리스트를 토대로 누적된 자료들을 종합적으로 살펴보고 유아의 현재 발달상태에 대해 간단히 작성함. 또한 누리과정 내용에 따라 지원이 필요하거나 관찰하지 못한 부분에 대해서도 함께 작성하도록 함.

• **포트폴리오**

포트폴리오는 유아에 대해 기록하고 평가한 내용을 수집한 것으로 많은 시간을 요하는 결과물임. 포트폴리오를 작성할 때 개별 유아의 자료를 일일이 나열하여 무엇을 배웠는지 추적하듯 자료를 검색하고 작성한다면 업무의 부담은 매우 클 것임. 기존에 누적해 왔던 평가 내용들을 정리하고 선택하여 유아의 실제적인 성장 과정을 담을 수 있도록 하되, 효율적인 방법으로 작성하는 것이 필요함.

포트폴리오 작성 전에 누리과정의 내용에 따라 포트폴리오의 항목을 정리해 보는 것이 필요함. 여기서 '항목'은 누리과정 내용 중 자연스럽게 관찰되기 어려운 내용을 가장 적합하게 관찰하거나 지원할 수 있는 상황(대소집단 활동, 수행평가)을 예측하여 적어 놓은 것임. 예를 들어, 유아들의 안전 의식 수준을 평가할 때는 놀이상황보다 대소집단활동을 통해 관찰하는 것이 용이할 수 있음. 글자를 어느 정도 읽고 쓰는지에 대한 평가 역시 놀이상황만으로 관찰되기 어렵다면 수행평가를 실시하는 것이 효과적일 수 있음. 이러한 과정을 통해 유아에 대한 종합적인 관찰과 평가의 기틀을 마련해 놓을 수 있음.

포트폴리오 항목의 대소집단활동과 수행평가는 월별 관찰 체크리스트에도 기록하여 평가를 계획할 수 있으며 상황에 따라서 언제든지 수정, 변경할 수 있음.

포트폴리오(신체운동건강) 계획표

영역	내용범주	내 용	포트폴리오 항목	비고
신체운동·건강	신체활동 즐기기	신체를 인식하고 움직인다.	-	
		신체 움직임을 조절한다. ①대근육	-	
		신체 움직임을 조절한다. ②소근육	수행평가 가위질하기	
		기초적인 이동운동, 제자리운동, 도구를 이용한 운동을 한다.	-	-
		실내외 신체활동에 자발적으로 참여한다.	-	
	건강하게 생활하기	자신의 몸과 주변을 깨끗이한다.	-	
		몸에 좋은 음식에 관심을 가지고 바르게 식사하는 것을 즐긴다.	관찰 점심식사	1/2학기
		하루 일과에서 적당한 휴식을 취한다.	-	
		질병을 예방하는 방법을 알고 실천한다.	-	
	안전하게 생활하기	일상에서 안전하게 놀이하고 생활한다.	-	
		TV, 컴퓨터, 스마트폰 등을 바르게 사용한다.	-	
		교통안전 규칙을 지킨다.	-	
		안전사고, 화재, 재난, 학대, 유괴 등에 대처하는 방법을 알고 행동한다.	대소집단활동 이야기나누기 '5분 교통안전교육'	1/2학기

6월 유아 관찰 체크리스트

이 름	실내자유놀이	실외자유놀이	일 상	대·소집단 활동		수행평가	
				6/7 이야기나누기 '5분 교통안전교육'		가위질	급식
강○○	02. 07. 14. 22. 30	08. 14	정리, 식습관	○(질문에 적절한 대답)		○	△(식사태도)
고☆☆	02. 03. 08. 10. 15. 25	01. 11. 14				△	○
권●●	02. 09. 16. 23. 28	01. 07. 11		○		○	○

다음은 본원에서 사용하고 있는 포트폴리오 형식이며 놀이, 일상생활, 대소집단활동 중에 관찰된 내용과 수행평가 내용을 정리하여 작성하고 있음.

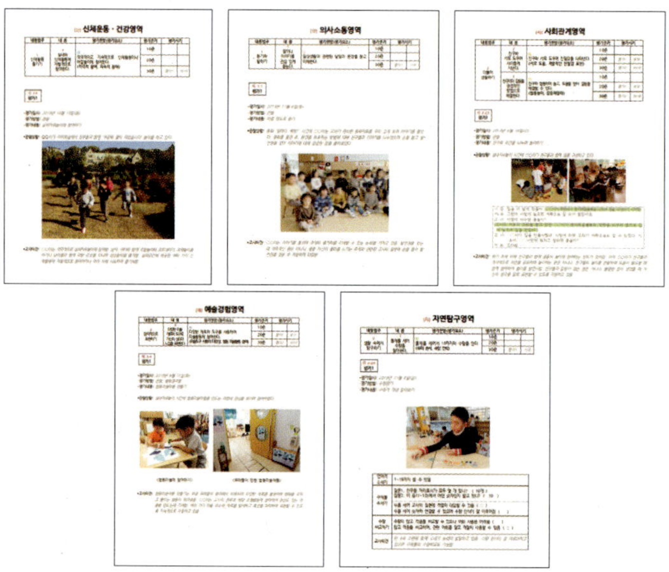

5개 영역에 따른 본원의 포트폴리오 형식

4) 진급 준비하기

학기 말이 되면 유아의 진급(수료) 혹은 졸업을 준비하게 됨. 기관에 따라 포트폴리오나 작품 모음집과 같은 형태로 수집된 자료들을 정리하고 이것을 가정이나 진급할 학급에 전달함. 유아 평가의 과정 중 마무리 단계이며 최종적인 자료 정리 후에는 이것을 바탕으로 생활기록부에 유아에 대한 전인적 평가를 하게 됨. 나아가 유아 평가 내용을 토대로 진급 학급 관련 자료를 작성하고 공유함으로써 유아가 새로운 학급에서 배움과 성장을 이어 나갈 수 있도록 지원함.

(1) 유아에 대한 자료 종합하기

앞서 소개하였던 다양한 자료들을 열거하면 다음과 같음.

- 유아 개인 상담 관찰기록부
  - ✔ 개인조사서
  - ✔ 급식요구조사서
  - ✔ 유아관찰기록서(교사, 학부모)
  - ✔ 학부모 상담일지(수시)
  - ✔ 면담일지
- 월별 관찰 체크리스트
- 사진 및 기록자료
- 포트폴리오

유아별로 각각의 자료들을 정리하며 최종적인 검토를 함. 유아 개인상담 관찰기록부 파일의 경우 자료 넣는 순서를 정하여 넣고 있는데 그간 모아 두었던 자료들을 순서대로 정리하며 유아에 대한 정보들을 훑어보고 파악함. 월별 체크리스트는 3월부터 그 다음 해 2월까지 작성된 체크리스트를 출력하여 유아 개인별로 놀이 중 일어났던 관찰의 횟수나 수행평가의 결과들을 확인함. 사진의 경우 본원에서는 학기말에 가정으로 배부하고 있음. 사진첩에서 유아명을 검색한 후 해당 유아에 대한 사진을 유아명 폴더에 따로 옮겨 확인하고 추리는 과정을 가짐. 이때 유아의 특성이나 배움의 상황이 잘 드러나는 사진을 선택하고 있음. 포트폴리오 역시 가정으로 배부하기 전 최종적인 검토 과정을 가짐.

• 유아 개인 상담 관찰기록부 파일 완성하기

유아 개인 상담 관찰기록부는 진급하는 학급의 담임교사에게 전달하는 파일철로, 입학하여 졸업할 때까지 연령별 모든 자료들을 누적하여 보관함. 또한 졸업 시에는 관련 자료들 중 개인정보보호 방침 및 문서 별 보관기한에 따라 문서를 분류하고 정리함.

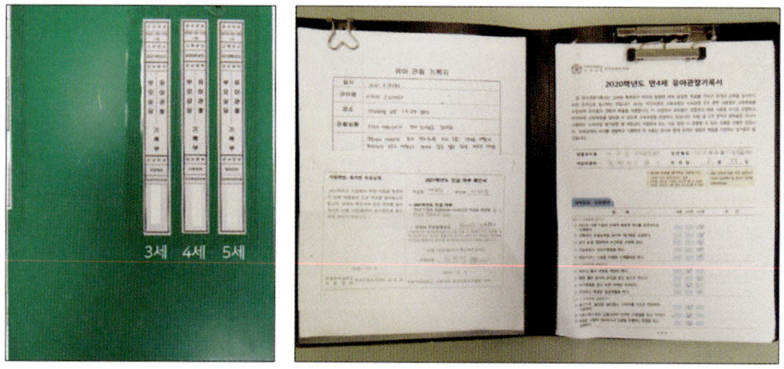

부모상담 및 유아관찰기록부

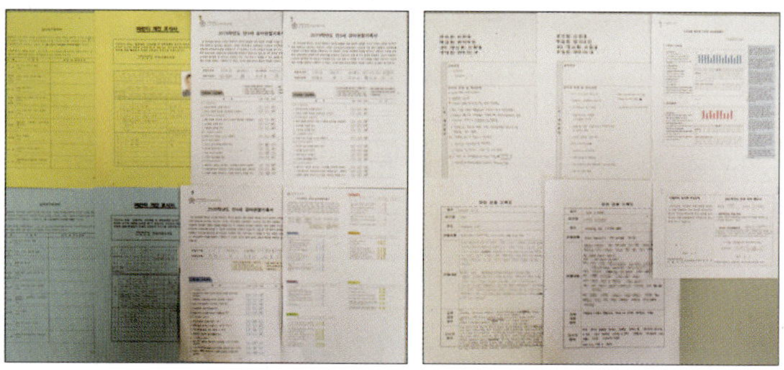

수집된 자료들(유아개인조사서, 급식요구조사서, 유아관찰기록서(교사용, 학부모용), 학부모 상담일지(수시), 면담일지

(2) 생활기록부 작성하기

생활기록부는 학생의 학적을 기록한 문서로서 인적사항과 학적사항, 출결사항, 신체발달상황, 건강검진, 유아발달상황을 기록함. 발달상황을 제외한 나머지 사

항들은 유아의 객관적인 정보들을 기록하지만 발달상황은 교사의 판단에 따라 유아에 대한 종합적인 부분들을 기술해야 함. 이전 생활기록부 기재요령에서는 5개 영역 각각의 유아발달상황을 기술하도록 하였으나 바뀐 기재요령에는 유아에 대해 종합적으로 이해할 수 있는 3문장 내외로 입력하도록 안내하고 있음.

생활기록부 역시 유아 평가과정의 중요한 일환으로써 지난 1년간 유아에 대해 알아가며 이해하고 느껴왔던 점을 최종적으로 평가하는 것임. 유아의 성향과 성장에 관한 'Holistic'한 평가가 이루어지는 부분이며, 한편 유아 · 놀이 중심의 교육과정에 따른 결과의 측면으로도 여길 수 있음.

2020 유치원생활기록부 기재요령 중 '유치원생활기록부 작성 및 관리지침'

제10조(유아발달상황) ① 유치원 교육과정에 제시된 신체운동건강, 의사소통, 사회관계, 예술경험, 자연탐구 영역 등의 관찰 결과를 바탕으로 유아를 종합적으로 이해할 수 있는 문장으로 입력한다.

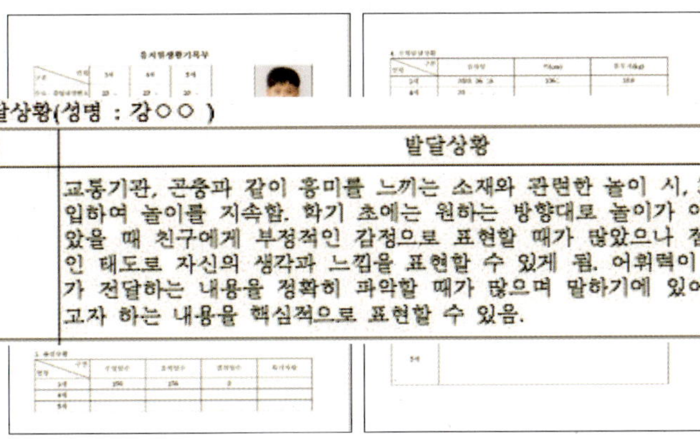

6. 유아발달상황(성명 : 강○○)

연령	발달상황
3세	교통기관, 곤충과 같이 흥미를 느끼는 소재와 관련한 놀이 시, 30분 이상 몰입하여 놀이를 지속함. 학기 초에는 원하는 방향대로 놀이가 이루어지지 않았을 때 친구에게 부정적인 감정으로 표현할 때가 많았으나 점차 친사회적인 태도로 자신의 생각과 느낌을 표현할 수 있게 됨. 어휘력이 뛰어나 교사가 전달하는 내용을 정확히 파악할 때가 많으며 말하기에 있어서도 전달하고자 하는 내용을 핵심적으로 표현할 수 있음.

생활기록부의 유아발달상황 작성 예시

(3) 진급 관련 자료 작성하기

유아의 진급이 결정되면, 진급 준비 시점의 담임교사가 새로운 담임교사에게 유아의 정보에 대해 전달하는 것이 필요함. 학급이 바뀌더라도 유아의 특성 및 발달 수준에 적합한 교육적 지원이 이루어져야 하며 이를 위해서는 한 해 동안 이루어진 유아 평가 내용이 교사 간에 충분히 공유되어야 함.

본원에서 준비하는 진급 관련 자료는 유아 개인 상담 관찰기록부와 유아 및 학부모의 특징에 대해 작성한 자료, 학급 편성 관련 문서임. 유아 개인 상담 관찰기록부의 경우 앞장에서 자세히 설명하였음.

유아가 진급하게 될 학급이 정해지면 관련 교사들이 함께 만나 유아 및 학부모의 정보에 대해 전달하는 시간을 갖고 있음. 진급 이전 시점의 담임교사는 유아와 학부모의 특징에 대한 자료 작성 후 이것을 새로운 담임교사에게 전달함. 유아에게 특정 사건이 있었을 경우 내용을 자세히 전달하여 새로운 담임교사가 상황적인 맥락 안에서 유아의 특성을 이해하도록 돕고 있음. 학기 초 학급을 운영해 나가는 데 있어 요긴한 기초 자료가 되며 특히 학부모를 상대할 때 큰 도움이 되고 있음.

<table>
<tr><td>이◎◎</td><td>특징:
• 에너지가 굉장히 많은 편임. 신체를 이용한 놀이를 굉장히 좋아함
• 식사량이 제법 많고 식사속도도 빠른 편. 정량보다 더 먹을 때도 많음(특히 반찬)
• 셋째다보니 누나, 형 사이에서 사회적인 눈치를 많이 배운 것 같음. 성인들의 미묘한 감정도 빠르게 캐치하는 편임
• 모든 발달이 대체로 빠른 편임. 특히 누나, 형과의 게임을 많이 해봐서 대부분의 게임이나 수조작교구의 규칙을 빨리 파악함. 다만 그렇다보니 이기고 싶은 마음에 친구의 의견을 무시하거나 자기 마음대로 규칙을 변경하는 행동을 할 때가 있어 지도하였음
• 말하는 방식이 다소 거친 편임. 툭툭 내뱉는 듯한 말투가 있어 상대방을 배려하며 부드럽게 말할 수 있도록 지도하였음
• 학기 초에는 높은 곳(의자, 책상, 융판 등)에 올라갈 때가 있어 지도하였으나 중반 이후로는 그런 모습을 보이지 않음. 다만 유희실놀이 등 신체활동을 할 때 구름다리에 올라가 있는 시간이 많은 편
• ◎◎는 지도하면 할수록 자존심 상해하고 토라지는 경우가 많아 학기 초에는 단호하게 지도하기보다는 달래듯이 지도하였음. 이후 점점 단호하게 지도함
• 약간의 천식기 때문에 미세먼지가 있는 날이나, 추운 날엔 마스크를 착용하도록 도와주어야 함. 답답해서 몰래 빼기도 함
부모:
• 개방적인 양육관</td></tr>
<tr><td>정●●</td><td>특징:
• 자조력이 굉장히 높은 편. 교사의 도움을 필요로 하는 상황이 거의 없으며 거의 모든 일을 스스로 해냄
• 타인을 배려하는 마음이 뛰어난 어린이임. 여러 어린이가 함께 놀이할 때 갈등이 발생하면 ○○가 직접 모든 친구들의 생각을 들어보고 중재하려 노력함(어린이 수준에서). 자신의 것을 양보할 줄도 알지만 자기가 정말 원하는 것은 지킬 줄 앎
• 식사속도는 보통보다 조금 느린 편. 교사의 도움을 거의 필요로 하지 않고 스스로 잘 먹음. 친구들의 이야기를 즐겁게 듣기는 하지만 크게 이야기하는 경우는 없음. 다만 치아구조상 씹는 것이 어려워 속도가 더딘 편임. 김치나 고기 등 질긴 부분은 잘라 주거나 처음부터 연한 부분을 골라 배식함
• 자동차 마크에 굉장히 많은 관심을 갖고 있음
• 등원 시간 매우 빠른 편 8시 3–40분. 다만 학기 초에 8:40분 이후에 등원 가능하다고 안내한 결과 더 일찍 오더라도 40분 넘어서 들여보내심
부모:
• ○○의 성향이나 잘 해내고 있는 것보다 걱정하는 경향이 있음
• ○○의 치아구조(부정교합) 때문에 ○○가 입을 열고 있지 않게 지도해 달라고 부탁하심. 다만 ○○ 본인이 그것을 너무 잘 인지하고 있어 스트레스 받지 않는 선에서 이야기해 주시길 부탁</td></tr>
</table>

유아 및 학부모 특징에 대해 작성한 자료

학급 편성 관련 문서는 학급 편성 시 유아들을 어떤 기준으로 편성했는지 정리한 문서로서 유아들의 생년월일, 발달수준, 또래관계 등에 따라 관찰한 내용을 정리하여 결재 문서로 활용하고 있음. 본원은 연령별로 두 개의 학급으로 편성되어 있어 학급 간의 발달수준의 격차가 크지 않도록 하는 데 주의를 기울이고 있음. 같은 연령 학급의 교사들은 유아 발달수준에 대한 평가자료를 면밀히 검토하고 논의한 후 가안으로 학급 편성을 함. 가안으로 편성된 학급에 따라 유아들을 모아 한 공간에서 놀이하도록 한 후 이를 깊이 있게 관찰하고 있음. 또래관계의 양상과 놀이의 진행이 어떻게 이루어지는지 등을 살펴보며 학급 편성 관련 문서를 수정, 변경하여 최종 확정함.

2020학년도 만 4세 학급 편성

학급 편성 문서

유치원 교사는 학급 내 모든 유아들을 공평하고 적절하게 교육, 지원하기 위해 개개인을 면밀하게 파악하고 평가해 나가는 과정이 필요하다. 그 과정은 생각보다 치열하고 복잡하며 어렵다. 한 유아의 전인적인 성장을 목표로 평가하고 지원하기 위해서는 여러 상황들을 면밀하게 관찰해야 할 뿐 아니라 놓칠 수 있는 상황에 대한 예측과 계획도 필요하다. 이는 학급 내 모든 유아를 대상으로 이루어져야 한다.

본 장의 서두에 놀이 · 유아 중심 교육과정 안에서 학급의 모든 유아들을 적절하게 평가 및 지원하기 위해서는 지표가 필요하다고 밝힌 바 있다. 지표는 곧 특정 유아에 대해서만 평가가 이루어지는 것은 아닌지, 한 유아에 대한 종합적인 평가가 이루어지고 있는지 등을 전반적으로 확인하고 지원할 수 있는 밑바탕의 역할을 한다. 앞서 소개하였던 유아 관찰 체크리스트나 포트폴리오 계획표가 지표로 활용되는 예시라 할 수 있다. 이 밖에도 현장의 상황에 따라 다양한 형태의 평가 계획표 혹은 체크리스트를 새롭게 제작하고 활용할 수 있을 것이다.

다양한 유아 평가방식은 이미 현장에서 해오고 있던 방법들이며 개정 누리과정 안에서도 활용될 수 있다는 것에는 큰 이견이 없을 것으로 생각된다. 다만 기존의 유아 평가 방법들을 통해 유아 중심의 진정한 놀이를 실현시키기 위해서는 관점의 변화가 필요하다. 평가를 위한 평가가 아닌 유아를 실제적으로 이해하는 과정의 평가가 이루어져야 하는 것이다. '놀이 · 유아 중심'이라는 교육과정의 부제 안에서 유아 평가 부분이 간소화, 간략화되어야 하는 업무로 잘못 해석된다면 교육의 전문성은 떨어질 수 밖에 없을 것이다. 유아를 중심에 두는 것은 최종적으로 'Holistic'한 평가를 위한 과정이 실현되어야 함을 의미하며 그 방법은 자연스럽고 동시에 계획적으로 이루어져야 한다. 우연히 관찰되는 상황 안에서는 의미 있는 발견을, 그렇지 못한 상황에 대해서는 의도한 발견을 통해 유아의 전인적인 성장과 배움을 지원해 나가야 한다.

교사는 유아의 소리를 듣기 위해 귀를 기울여야 하지만 그 전에 유아를 바라보는 스스로의 시선과 가치판단의 기준을 계속해서 성찰하고 살펴보는 것이 필요하다.

이를 바탕으로 유아 평가를 위한 실제적인 계획과 실행을 실현할 수 있고, 전문성을 갖춘 유아 평가가 이루어질 수 있을 것이다.

참고문헌

교육부 · 보건복지부(2019). 2019 개정 누리과정 해설서.

교육부 · 보건복지부 · 육아정책연구소(2019). 2019 개정 누리과정 교사 연수자료.

김희진 · 김현주 · 김은영 · 최명희(2011). 현장학습 바로 알기. 서울: 창지사.

엄정애(2009). 영유아놀이와 교육. 교문사.

엄정애(2019. 6). 영유아의 놀이: 재조명에 대한 반성과 비판, 그리고 도전. 한국육아지원학회(편), 2019 한국육아지원학회 춘계학술대회 자료집, 머지않은 미래사회의 급격한 변화와 영유아교육의 질 제고: 놀이, 교육과정, 교사(pp. 29-48). 서울: 한국육아지원학회.

오채선(2019). 누리과정, 놀이와 교육의 변증법적 이해. 유아교육연구, 39(2), 279-305.

이경숙(2016). 프레이리의 배움에 대한 소고. 교육철학, 61, 51-78.

조용환(1997). 사회화와 교육. 서울: 교육과학사.

조용환(2000. 10). 놀이와 교육의 딜레마. 중앙유아교육학회(편), 2000 중앙유아교육학회 추계학술대회 자료집, 다문화 시대의 유아교육(pp. 69-81). 충주: 중앙유아교육학회.

최일선 · 조운주(2020). 유아교육 평가의 이론과 실제(5판). 서울: 창지사.

Broadhead, P. (2010). Cooperative play and learning from nursery to year one. In P. Broadhead, J. Howard, & E. Wood (eds.), *Play and learning in the early years: From research to practice*(pp. 43-59). London: SAGE.

Chazan, S. (2002). *Profiles of play*. London: Jessica Kingsley.

Edmiston, B. (2008). *Forming ethical identities in play*. Abingdon: Routledge.

Edwards, S. (2017). Play-based learning and intentional teaching: Forever different? *Australasian Journal of Early Childhood*, *42*(2), 4-11.

Edwards, S., Cutter-Mackenzie, A., Moore, D., & Boyd, W. (2017). Finding the balance: A play-framework for play-based learning and intentional teaching in early childhood education. *Every Child, 23*(1), 14-15.

Freire, P. (2007). *자유의 교육학*[Pedagogy of freedom: Ethics, democracy, and civic courage]. (사람대사람 옮김). 서울:아침이슬. (원저 1998년 출판).

Garvey, C. (1991). Play (2nd ed.). Cambridge, MA: Harvard University Press.

Henricks, T. S. (2006). *Play reconsidered: Sociological perspectives on human expression*. Urbana, IL: University of Illinois Press.

Hirsh, R. (2004). *Early childhood curriculum: Incorporating multiple intelligences. Developmentally appropriate practice, and play*. Boston: Allyn & Bacon.

Holzman, L. (2009). *Vygotsky at work and play*. East Sussex: Routledge.

Hutt, S. J., Tyler, C., Hutt, C., & Christopherson, H. (1989). *Play, exploration and learning*. London: Routledge.

Miller, E., & Almon, J. (2009). *Crisis in the kindergarten: Why children need to play in school*. College Park, MD: Alliance For Childhood.

OECD (2012). *Starting strong* Ⅲ. Paris: OECD.

OECD (2017). *Starting strong 2017: Key OECD indicators on early childhood education and care*. Paris: OECD.

Pramling, N., Wallerstedt, C., Lagerlof, P., Bjorklund, C., Kultti, A., Palmer, H., Magnusson, M., Thulin, S., Jonsson, A., & Samuelsson, P. I. (2019). *Play-responsive teaching in early childhood education*. Dordrecht, The Netherlands: Springer.

Sutton−smith, B. (1997). *The ambiguity of play*. Cambridge, MA: Harvard University Press.

Van Hoorn, J., Nourot, P., Scales, B., & Alward, K. (2007). *Play at the center of the curriculum* (4th ed.). Upper Saddle River, NJ: Pearson/Merrill Prentice Hall.

Wisneski, D. B., & Reifel, S. (2012). The place of play in early childhood curriculum. In N. File, J. J. Mueller, & D. B. Wisneski(Eds.), *Curriculum in early childhood education* (pp.175−187), New York, NJ: Routledge.

Wood, E. (2010). Developing integrated approaches to play and learning. In P. Broadhead, J. Howard, & E. Wood (eds.), *Play and learning in the early years: From research to practice* (pp.9−26). London: SAGE.

Wood, E. (2013). *Play, learning and the early childhood curriculum* (3rd ed.). London: SAGE.

Wood, E. (2014). Free choice and free play in early childhood education: Troubling the discourse. *International Journal of Early Years Education, 22*(1), 4−18.

집필진

엄정애
이화여자대학교 사범대학 부속이화유치원 원장
이화여자대학교 사범대학 유아교육과 교수

임예지
이화여자대학교 사범대학 부속이화유치원 교사

박보람
이화여자대학교 사범대학 부속이화유치원 교사

한소희
이화여자대학교 사범대학 부속이화유치원 교사

윤수현
이화여자대학교 사범대학 부속이화유치원 교사

어린이교육의 기본 바로 알기 시리즈 ⑪

놀이, 배움, 가르침의 통합을 위한 유아교육 바로 알기

초판 1쇄 인쇄 2021년 8월 16일
초판 1쇄 발행 2021년 8월 23일

지 은 이 | 이화여자대학교 사범대학 부속이화유치원
펴 낸 이 | 김기섭
편 집 인 | 이현남, 조진주
펴 낸 곳 | 창지사 www.changjisa.com
08589 서울시 금천구 가산디지털 1로 83 파트너스타워 1차 9층
전화 (02)719-2211~3
팩스 (02)701-9386
등 록 | 1977년 4월 28일 · 제1-421호

ISBN 978-89-426-1432-5 (93370)

값 9,000원